Tanzfokus
Erfolgreich auf die Bühne
Kerstin Anne Bosker

© 2020 Kerstin Bosker · DeinKörperTanzt.de

Co-Autor & Koordination: Bastian Steinbacher · BuchSchreiberei.de
Lektorat: Elisa Garrett
Umschlag & Satz: chaela · chaela.de

Illustrationen: Sandra Berger · sandra-berger-art.de

Verlag: tredition GmbH, Halenreie 40–44, 22359 Hamburg
1. Auflage (Juni 2020)

978-3-347-08675-3 (Paperback)
978-3-347-08677-7 (e-Book)

TANZ FOKUS

Erfolgreich auf die Bühne

KERSTIN ANNE BOSKER

INHALTSVERZEICHNIS

KAPITEL 1

TANZFOKUS –
so erreichst du deinen Traum

Leidenschaft ist schön. Leidenschaft ist notwendig.
Leidenschaft bringt dein Blut in Wallung.
Aber Leidenschaft ist nicht alles.

Aus dir wird vor allem dann ein guter Tänzer, wenn du es schaffst, die *Kopf-* mit der *Körper*-arbeit harmonisch zu kombinieren. Die Tanztechnik bildet mit der Körperisolation und der Bühnenpräsenz zwar eine wichtige Einheit, aber ohne entsprechendes „Kopftraining" wirst du immer wieder an eine gläserne Decke stoßen. Als Tanzpädagogin habe ich schon häufig leidenschaftliche Tänzer erlebt, bei denen die Oberfläche stimmte, also die Schritte sauber einstudiert und die Tanzprobe perfekt vorbereitet waren. Dennoch sind es genau diese Tänzer gewesen, die ich nach vier oder fünf Monaten nie mehr wiedergesehen habe. Nicht etwa, weil ihnen das Talent gefehlt hätte, auch nicht, weil sie keine Disziplin gehabt hätten oder faul gewesen wären. Es ging um das wesentliche Element, um wirklich erfolgreich zu sein: *FOKUS* – die mentale Stärke, sich auf eine bestimmte Sache zu konzentrieren.

Kaum etwas in dir ist so mächtig wie die Kraft deiner Gedanken. Seit über 20 Jahren arbeite ich eng mit Psychologen und Psychiatern zusammen und begleite Menschen durch alle möglichen Lebenskrisen. Dabei wird immer wieder deutlich, dass sich die Betroffenen selbst im Weg stehen, da ihnen die richtige Einstellung fehlt. Sie lassen die Vorstellung eines für sie sinnvollen Lebens vermissen und drehen sich daher mit ihren Problemen im Kreis. Zwar gehen sie kleine Schritte nach vorne, kommen aber niemals so richtig an, weil sie kein „Handlungsmoment" entwickeln. Ohne Glaube an sich selbst fehlt ihnen der Fokus – sie wissen schlichtweg nicht, worauf sie sich fokussieren sollen.

Auch bei Tänzern trifft das zu: Sie tanzen mit Herz, jedoch „de-fokussiert". Ihnen fehlt die Vision ihres Traums, etwas, wofür sie brennen, eine große Idee, für die es sich aus deren Sicht lohnt, jede erdenkliche Energie freizusetzen und keine Kosten und Mühen zu scheuen.

Ich möchte dir helfen und dich begleiten, deine mentale Stärke zu entwickeln. Nutze mein Fachwissen aus Psychologie und Tanzpädagogik und schöpfe mit voller Energie dein Potenzial aus!

KOPFTRAINING?
WISSENSCHAFTLICH BEWIESEN!

Gewiss hast du schon mal was von Sigmund Freud gehört. Freud gilt als einer der einflussreichsten Denker des 20 Jahrhunderts. Sein Lebensinhalt bestand darin, die Psyche des Menschen zu entschlüsseln, und bereits 1904 legte er den Einfluss der Gefühle auf die Empfindungen Zufriedenheit und Glück. Freud nannte es das „Energie-Konzept".

Besonders spannend sind seine Studien über die Macht des Traums. Er fand heraus, dass sich Hungergefühle beschwichtigen lassen, wenn man sich vorstellt, man würde essen. Natürlich verschwindet der Hunger nur kurzfristig – doch er bewies damit den Einfluss der Gedanken auf den Körper.

Zur selben Zeit gründet Sigmund Freud die Mittwochs-Gesellschaft, einen Stammtisch, bei dem sich die großen Denker seiner Zeit austauschten. Einer davon war Carl Gustav Jung, ein Schweizer Psychiater, der sich mit Denken und Fühlen beschäftigte. Er sagte: „Wer denken will, kann keine Gefühle gebrauchen – und wer in die Gefühlswelt eintaucht, den stört das Denken."

Wenn dir das zu abstrakt erscheint, erinnere dich an das improvisierte Tanzen. Wenn du noch nie auf der Bühne improvisiert hast, dann sicher zu Hause im Wohnzimmer.

Bei der Improvisation geht es darum, aktuelle Gefühle in Bewegung auszudrücken. Wenn du anfängst über Tanztechnik nachzudenken, sind die Gefühle nicht mehr authentisch. Ähnlich verhält es sich, wenn du an deiner Tanztechnik arbeitest: Ausdruck von Gefühlen würden dich dabei stören. Genau dieses Phänomen beschrieb Carl Gustav Jung im Jahr 1904.

Ein weiterer Stammtischkollege von Freud war der österreichische Arzt Alfred Adler. Er betonte bereits 1890 die Einmaligkeit jedes Menschen. In seinen Studien zeigte er, dass jeder die Fähigkeit des Wachstums in sich trägt, also sich in seiner Persönlichkeit zu entfalten und Schwächen zu überwinden. Adlers wichtigstes Konzept war das „Gemeinschaftsgefühl"; er sah den Sinn in der idealen Gesellschaft. Ist „Gemeinschaft" für dich wichtig? Für mich ist das Tanzen in der Gruppe etwas ganz Besonderes. Sicher freust du dich jede Woche auf deinen Tanzkurs, wo zusammen gelernt und gelacht wird.

Viktor E. Frankl ist Teil der darauffolgenden Generation von Ärzten. Ihm waren die schlauen Köpfe der Mittwochs-Gesellschaft natürlich ein Begriff und er baute seine Erkenntnisse auf dem Wissen von Freud, Jung und Adler auf. 1946 schrieb Frankl in seinem Buch: „Der Mensch weiß nicht, was er will." Er erklärt darin, das Problem sei die Vergrößerung der Freizeit. Die Menschen wissen nicht, wofür sie leben können.

Ist das heute noch so? Was bedeutet das für dich als Tänzer? Wenn Frankl sagt, Menschen wissen nicht, wofür sie leben, könnte man sagen, Tänzer wissen nicht, wofür sie trainieren. Deine Leidenschaft ist der Tanz, du möchtest als Tänzer etwas erreichen – wofür trainierst du?

WAS BEDEUTET „ERFOLG"?

Erfolg haben ist ein inneres Hochgefühl, eine persönliche Bestätigung. Man ist stolz darauf, etwas geschaffen zu haben, weil du weißt, dass sich die Anstrengung gelohnt hat. Es tut gut, auf den Erfolg zurückzublicken. Bei dem Wort „Erfolg" denken wir automatisch an etwas Großes und übersehen dabei, dass auch kleine Dinge in diese Schublade gehören. Erfolg hat viele Gesichter.

Wertvolle Ziele zu haben und ins Handeln zu kommen – ist ein Erfolg. Die Bereitschaft zur Weiterentwicklung – ist ein Erfolg. Ein Vorbild zu sein – ist ein Erfolg.

Erfolg ist immer eine Folge von Denken und Handeln. In dem Wort steckt „etwas verfolgen"; es handelt sich also um eine Folge von etwas, das man tut, eine Folge verschiedener kleiner Schritte. Erfolg ist ein Prozess – und außerdem immer wertfrei. Es gibt keinen „Misserfolg" – entweder du gewinnst, oder du lernst.

Wenn das erwünschte Ergebnis nicht eingetreten ist, betrachte es als Lernhilfe. Beim nächsten Mal wirst du es anders und besser machen.

Lies die Kapitel aufmerksam in der vorgegebenen Reihenfolge durch. Nimm dir Zeit, um über dich als Tänzer nachzudenken und dadurch den größtmöglichen Nutzen aus diesem Buch zu ziehen.

Herzliche Grüße

Kerstin Bosker

KAPITEL 2

WAS IST FOKUS?

»Ritter aus Leidenschaft« ist ein Filmdrama aus dem Jahr 2001,
in dem der Oscar-Gewinner Heath Ledger die Hauptrolle spielt.
Das moderne Filmmärchen zeigt eindrucksvoll auf,
was es heißt, fokussiert zu leben.

Da ich die Geschichte des Films für das perfekte Rollenmodell halte, möchte ich auf den kommenden Seiten immer wieder Bezug auf sie nehmen. Sie soll herhalten, um dir möglichst konkret aufzuzeigen, was deine Erfolgsschritte sind, mit denen du zu einem erfolgreichen Tänzer werden kannst.

Versetz dich in das Jahr 1360. Wir sind in England, wo der junge William Thatcher seit seiner Kindheit davon träumte, ein Ritter zu werden. Sein Vater gab ihn in die Obhut von Sir Hector, einem Turnierkämpfer, der von den Gewinnen aus Wettkämpfen lebte. »Tjost« nannte sich das, ein Zweikampfspiel, an dem nur edle Ritter teilnehmen durften.

Eines Tages traf Sir Hector mit voller Wucht die lange Lanze seines Gegenspielers und dieser fiel wie ein nasser Sack vom Pferd. Seine drei Bauernjungen standen ihm seit vielen Jahren treu zur Seite und kümmerten sich sofort um ihn, auch wenn sie ihn nicht mehr retten konnten; er starb noch an Ort und Stelle.

Diese scheinbare Niederlage kam einer Katastrophe gleich; ein Sieg hätte die Taschen gefüllt und den Hunger gestillt, die zuschauenden Menschenmassen warteten. »The show must go on«; es war nicht der Moment, alles abzublasen. Also schlüpfte William in Hectors Position, stieg in seine Rüstung und beendete den Kampf. Es stand 3:0 für ihn, er musste also lediglich auf dem Pferd bleiben.

Es war eigentlich ein Ding der Unmöglichkeit, dass der Sohn eines Londoner Dachdeckers an so einem Turnier teilnahm; nur Adeligen war dies vorbehalten. Er aber tat es trotzdem, »undercover« sozusagen, und entgegen der Warnung seiner beiden Freunde. Unter der Rüstung war er nicht zu erkennen und alle glaubten, es wäre weiterhin Sir Hector gewesen. Aus der Not heraus wurde plötzlich sein Kindheitstraum wahr und ohne Erfahrung stellte er sich seiner neuen Aufgabe. Er schaffte es gerade noch, die Lanze unter seinen Arm zu klemmen, da traf ihn bereits mit unerwarteter Wucht die Lanze des Gegners. Wie ein Wunder konnte er sich gerade so auf dem Pferd halten und gewann das Turnier.

***

Das ist aber nicht die Pointe. Es geht weiter; die Geschichte läuft noch fort und es ist wichtig, auch den Rest zu verstehen. Die drei Freunde verkauften nämlich direkt nach dem Sieg die goldene Feder, die William als Sir Hector feierlich überreicht bekam und teilten die 15 Silbertaler. Sie spielten mit dem Gedanken, umgehend zurück in die Heimat zu kehren – aber William wollte nicht. Er konstruierte eine Vision und erkannte seine Chance. Das Geld, so entschied er, müsse investiert werden und er wollte nur einen Monat später an einem Turnier in Rom teilnehmen, um das Geld dort mit weiteren Siegen zu vervielfachen. Ein heftiger Streit entbrannte, denn seine Freunde verstanden nicht, was wichtiger sein konnte als ein voller Bauch für die ganze Familie – gerade nach vielen Tagen des Hungerns! William jedoch ließ sich von seiner Idee nicht abbringen.

Als Bürgerlicher an einem großen Turnier teilzunehmen, war viel zu riskant; ihm fehlte das technische Wissen. Das erkannten auch seine Freunde, die weiter auf ihn einredeten und ihn zur Vernunft bringen wollten. William aber ließ sich nicht umstimmen und sagte nur: »Ich habe den Mut, das ist alles, was ich brauche. Ein Mann kann seine Sterne neu ordnen.«

William war überzeugt, und trotz einer kleinen Rangelei konnte er auch seine Freunde davon überzeugen, die Silbertaler in seinen Traum zu investieren.

***

Ab da begann die harte Arbeit; unermüdlich übte er mit Schwert und Lanze. Unzählige Male fiel er vom Pferd, er bekam blaue Flecken und hatte überall Schmerzen. Seine Freunde befeuerte das stets in ihrem Misstrauen und sie stellten fest, dass auch der 1000. Versuch missglückt war. William ließ sich jedoch immer noch nicht von seinem Plan abbringen und entgegnete: »Na, dann noch einmal!«

Und tatsächlich – er schaffte es! Es glückte ihm, mit der Lanze in den kleinen Ring zu stechen. Auf diesem Erfolg ruhte er sich aber natürlich nicht aus, sondern übte weiter, bis jeder Versuch saß.

William, nun in der Rolle des Ritters, und seine zwei Freunde als Bauerngehilfen machten sich auf dem Weg nach Rom zum großen Turnier. Unterwegs begegneten sie Jeffrey, der splitterfasernackt über das Wort »trotten« philosophierte, bei dem es einen deutlichen Unterschied zum »Schlendern« gäbe. Es stellte sich heraus, dass der scheinbar ausgeraubte Dichter Adelsbriefe und andere Dokumente fälschen konnte; William wurde hellhörig. Ihm war klar: Spätestens bei der Anmeldung des Turniers in Rom würde ein Dokument verlangt werden, das seinen Adel auf vier Generationen bestätigte. Die Freunde wurden erneut skeptisch: Würde sie dieser undurchsichtige Jeffrey übers Ohr hauen? Sie vereinbarten einen Deal: Kleidung gegen das notwendige Adelsdokument.

Am Ort des Turniers sah William eine Frau, die ihn sofort faszinierte. (Ohne Liebesgeschichte kommt ein solcher Film natürlich nicht aus …) Die Auserkorene war zunächst zurückhaltend und wollte ihm ihren Namen nicht verraten und so nahm das Turnier seinen Lauf …

***

Die Veranstaltung startete furios: William schaffte es, eine Lanze zu brechen. Zeit zum Erholen hatte er nicht, denn er war für eine zweite Disziplin eingetragen, den Schwertkampf. Er bereute es kurz; wäre es besser gewesen, sich auf eine Sache zu konzentrieren? Das Schwert lag ihm, auch wenn Siege mit der Lanze mehr Ansehen einbrachten.

Er hatte keine Zeit, darüber nachzudenken. Jeffrey stand wieder nackt da; William, der sich als sein Herr ausgab, sollte für ihn die Spielschulden begleichen. Jetzt war klar, dass er auch bei ihrer ersten Begegnung nicht ausgeraubt wurde. Vom Glücksspiel kam er einfach nicht los, gestand er reumütig. William setzte sich für ihn ein, trotz seiner Lüge. Er versprach, nach dem Turnier seine Schulden zu bezahlen. Doch in der Sekunde hatte er die zehn Goldtaler nicht.

Es folgten weitere Kämpfe; Siege und Niederlagen reihten sich aneinander, doch William stand immer wieder auf. Die ersten Probleme kamen, so war seine Rüstung zerstört und er hatte kein Geld, eine neue oder zumindest die Reparatur zu bezahlen, sodass ihn alle Waffenschmiede ablehnten und ihn zu einer Frau schickten. Mit einer List überredete er sie, ihm zu helfen. Williams große Liebe saß im Publikum. Ganz sicher war sie adelig und hatte blaues Blut, dachte sich William; sie war unerreichbar für ihn, aber gleichzeitig überkam ihn der Sinn: »Ein Mann kann seine Ziele nicht tiefer stecken.« Die Frau seines Herzens, deren Namen er erst nicht kannte, wurde von einem anderen Mann umgarnt. Williams größter Konkurrent war Graf Adhemar von Anjou (eine Provinz in Frankreich); er stellte ihn vor allen bloß, machte sich über seine altbackene Rüstung lächerlich und zog damit alle Lacher auf sich. Abfällig sprach er über den armen Ritter Sir Ulrich von Lichtenstein.

Kurz vor dem nächsten Lanzendurchlauf gab Williams Gegner zu, dass er sich kaum noch auf dem Pferd halten konnte, jedoch nicht sein Gesicht verlieren mochte. Deshalb ließ sich William auf ein Unentschieden ein und zeigte Respekt. Graf Adhemar beobachtete dies vom Publikum aus und nannte es Schwäche; seine Herzensdame erkannte jedoch die Gnade.

***

William konnte nicht schlafen und dachte nur noch an seine Angebetete, deren Namen er noch immer nicht kannte. Er war abgelenkt und seine Freunde baten ihn, sich auf den Kampf zu konzentrieren. Zur selben Zeit schwärmte auch seine Herzensdame von ihm; oder vielmehr von »Sir Ulrich« – er hatte es ihr angetan. Sie ließ William ihren Namen mitteilen: Lady Jocelyn, William war fasziniert und verzaubert.

Der nächste Kampf stand an: Diesmal direkt mit seinem Konkurrenten und Nebenbuhler von Jocelyn. William wurde so hart am Kopf getroffen, dass er für einen kurzen Moment in die Vergangenheit zurückversetzt wurde. Er sah sich als Kind mit seinem Vater und sprach schon damals davon, eines Tages Ritter zu werden. Sein Vater bestärkte ihn und versicherte, wenn man nur stark genug daran glaubte, schaffe ein Mann alles. Mit diesem Glauben wurde William groß. Wieder bei Sinnen, nutzt der Graf erneut die Gelegenheit, William in der Öffentlichkeit zu blamieren. Trotz allem konnte William im Schwertkampf einen Sieg verzeichnen: Voller Wut und mit noch stärkerem Willen beschloss William den Schwertkampf aufzugeben: Er wollte mit der Lanze der Beste sein.

Zum Ende des Turniers bezahlte William die Spielschulden von Jeffrey. Das nächste Ziel war Paris, doch zuvor stand ein Bankett an. William konnte nicht tanzen und wollte erst gar nicht hingehen; Jeffrey überredete ihn jedoch und erklärte ihm, wie wichtig es sei, sich dort zu zeigen. William sprang also über seinen Schatten und bat die Schmiedin um Hilfe; wer könnte besser helfen als eine Frau? Sein Freund nähte aus einem Zeltstoff ein passendes Gewand für ihn und damit gings zur Feier. Er flirtete dort mit seiner Traumfrau, fand schmeichelnde Worte. Der Graf versuchte ihn abermals bloßzustellen, doch Jocelyn rettete ihn aus der peinlichen Situation. Die Gesellschaft tanzte und der Graf war verärgert.

Die Schmiedin hatte einen Weg gefunden, um Stahl zu härten und passte William eine neue Rüstung an, die ihm so gut passte, als sei es seine zweite Haut. Derart ausgerüstet ging es zum nächsten Turnier, wo sie über seine minimalistische Rüstung lachten: Doch William siegte mit ihr.

***

Den nächsten Kampf sahen sich die Freunde gebannt an. Sie wollten die Schwäche des Grafen herausfinden, doch dieser zog den Kampf zurück. Große Aufruhr: Der König selbst wäre sein Gegner gewesen und gegen den König wollte natürlich niemand kämpfen. Als Nächstes war William dran. Gegen alle Empfehlungen ritt William los und stellte sich dem Kampf. Schließlich sei der König selbst angetreten, da war es aus seiner Sicht nur höflich und respektvoll, den Kampf auch anzunehmen.

Am Ende war das Turnier gewonnen, doch William war unzufrieden und würde sich erst als Sieger fühlen, wenn er auch den Grafen besiegt hätte. Aufgebracht wie er war, kam es zu einem Streit mit Jocelyn und ohne eine Klärung ging es weiter in die nächste Stadt. Weitere Kämpfe, weitere Siege. Adhemar verließ das Turnier und wurde ins Kriegsgebiet seines Landes gerufen. Auch er war verärgert darüber, dass Sir Ulrich von Lichtenstein alle Kämpfe siegreich beendete. William wollte Jocelyn einen Brief schreiben und jeder seiner Freunde brachte sich durch eine eigene Geschichte ein. Das Ergebnis war ein Brief, der zu Herzen ging. Natürlich konnte William nicht mit seinem eigenen Namen unterschreiben, deshalb schrieb er: »der Ritter eures Herzens«.

Wieder in Paris: Kein Graf, aber Jocelyn hatte sich angekündigt. Sie übermittelte ihm einen Kuss, William war beschwingt und motiviert zugleich. Jeffrey ließ sich wieder auf das Glücksspiel ein und gemeinschaftlich wetteten die Freunde, dass William als Sir Ulrich gegen die Franzosen gewinnen würde.

Jocelyn verlangte, dass William aus Liebe zu ihr verlieren solle. Zuerst war er wütend über diesen unsinnigen Wunsch, ließ sich aber dennoch darauf ein. Er war unsterblich verliebt, seine Freunde fassungslos. Schließlich lief die Wette; sie verstanden diesen absurden Liebesbeweis nicht. William verlor Kampf um Kampf. Mit jedem Schlag erlitt er mehr Schmerzen, sodass sogar seine Schulter eingerenkt werden musste. Doch er hielt an seinem Versprechen fest, bis Jocelyn Erbarmen zeigte. Sie ließ William ausrichten, er möge das Turnier gewinnen, »sofern er sie liebte«. Auf diese Weise kam es doch noch zum Sieg und sein Lohn war eine glückliche Liebesnacht.

***

Nach zwölf Jahren kam William als Sir Ulrich von Lichtenstein zurück nach Hause; vom Volk bejubelt ritt er durch die Stadt. Bei der Weltmeisterschaft traf William erneut auf seinen größten Konkurrenten Graf Adhemar; es ging nicht mehr nur um Ruhm – es ging vor allem um Jocelyn.

William suchte seinen Vater auf und es gab ein emotionales Wiedersehen. Endlich konnte der inzwischen erblindete Mann seinen geliebten Sohn wieder in seinen Armen halten. Der Graf spionierte William nach und fand sein Geheimnis heraus. Jeffrey überbrachte die traurige Nachricht: Sir Ulrich war gestorben. Er wurde von der Teilnehmerliste gestrichen und sollte verhaftet werden. Alle rieten ihm dazu, zu fliehen. Doch William sagte, er sei ein Ritter und als solcher müsse er sich der Welt stellen. Selbst Jocelyn flehte ihn an zu fliehen. Er sei Ritter im Herzen, doch nicht auf dem Papier. Mit Stolz stellte er sich und wurde verhaftet. Sogar hier im kalten, nassen Verlies kam Adhemar, um ihn zu demütigen. Auf dem Marktplatz von allen ausgelacht, seine Freunde an seiner Seite.

Plötzlich erschien der König. Er hatte Verständnis, da er wusste, wie es sich anfühlte, seine Herkunft verbergen zu müssen. Beeindruckt von seinem Mut, sich zu stellen, schlug er ihn vor aller Augen zum Ritter. Endlich konnte William – Ritter Sir William Thatcher – an diesem Turnier in seiner Heimat teilnehmen. Der Graf hatte allerdings einen Betrug vorbereitet und seine Lanze manipuliert, sodass William schwer verletzt wurde.

Am Ende seiner Kräfte, jedoch weiterhin mit eisernem Willen, ließ er sich die Lanze an den Arm binden, weil er sie nicht mehr aus eigener Kraft halten konnte. Aufgeben kam für ihn nicht infrage; Jeffrey gewann durch eine eindrucksvolle Rede Zeit. William machte das Unmögliche wahr und warf den Grafen vom Pferd: Sieg!

Sein Traum wurde damit wahr.

KAPITEL 3

Fokussieren – auf was?

Um fokussiert zu tanzen, musst du wissen, worauf du dich fokussieren möchtest. In unserer Geschichte hatte William seit seiner Kindheit einen Traum: Er wollte Ritter sein. Überzeugt davon, seine Sterne neu ordnen zu können, arbeitete er daran, seinen Traum zu verwirklichen.

Was ist mit dir? Hast du einen Traum? Wo siehst du dich als Tänzer in ein paar Jahren? Wo möchtest du sein? Keine leichte Frage; doch die wichtigste, wenn du mit dem Tanzen erfolgreich sein möchtest.

Ich habe die Erfahrung gemacht, dass leidenschaftlichen Tänzern zwar bewusst ist, dass der Tanz einen wichtigen Platz in ihrem Leben einnimmt, doch wo diese Leidenschaft hinführen soll, wissen sie meist nicht. Sie haben nichts, worauf sie sich fokussieren. Wenn sich etwas entwickelt, dann eher zufällig.

Stell dir vor, du wüsstest ganz genau, wo du in fünf Jahren als Tänzer stehen möchtest. Würdest du nicht viel intensiver trainieren, deine

Tanzworkshops bewusster auswählen und versuchen, so schnell wie möglich Schritte nach vorne zu gehen, um dein Ziel besser erreichen zu können?

Es ist egal, wo du heute stehst und wie dein Traum aussieht; du solltest dir bewusst machen, was du willst. Halte einen Moment inne und denke nach: Möchtest du deine aktuelle Tanzsituation ausbauen? Und wenn ja: In welche Richtung soll es gehen?

Ich erinnere mich noch gut an meinen ersten Traum. Ich wollte unbedingt meine eigene Choreographie auf der Bühne tanzen. Später kam der Wunsch dazu, selbst andere Menschen zu unterrichten. Vielleicht tanzt du schon länger und möchtest dir auf der Bühne einen Namen machen, als Solist oder mit einer Tanzgruppe, du möchtest nebenberuflich oder gar hauptberuflich unterrichten – hast du gar an eine eigene Tanzschule gedacht?

Dein konkreter Traum ist die beste Voraussetzung für deinen Tanzerfolg. Sigmund Freud und seine Stammtischkollegen wussten schon lange, welch großen Einfluss Gedanken auf uns haben. Heute gibt es in der Psychologie den Begriff »Selbsterfüllende Prophezeiung«; der Soziologe Robert K. Merton prägte ihn im Jahr 1948.

Er schrieb: »Die selbsterfüllende Prophezeiung ist anfänglich eine falsche Bestimmung der Situation, sie verursacht ein neues Verhalten, das bewirkt, dass die ursprünglich falsche Auffassung richtig ist.« Damit möchte er ausdrücken, dass du, wenn du dir etwas einredest, deinem Unterbewusstsein das Signal gibst, dass es wahr ist; egal, ob es das tatsächlich ist oder nicht.

Dazu ein Beispiel: Du hast einen Tanzauftritt. Der Zugang zur Bühne bereitet dir Sorgen, du befürchtest, auf die Bühne zu stolpern. Diese Sorge beschäftigt dich so sehr, dass du es dir bildhaft ausmalst. Vor deinem geistigen Auge siehst du, wie du stolperst und das Publikum lacht. Glaub mir: Dann wird es auch passieren! Dein Unterbewusstsein speichert deine ausgeschmückte Vorstellung als *wahr* ab.

Die gute Nachricht ist: Du kannst dir dieses Phänomen zunutze machen und deine Gedanken auf Erfolg programmieren. Bleiben wir bei diesem Auftritt; stelle dir statt des Stolperns vor, wie du souverän die Bühne betrittst. Vor deinem geistigen Auge erkennst du, wie du vom ersten Moment an das Publikum begeisterst. Dein Unterbewusstsein wird auch das als *wahr* abspeichern und du wirst dich über eine tolle Performance freuen. Nutze diese Denkmechanik und stell dir deinen Tanztraum vor. Dabei ist es wichtig, dass du in anschaulichen Bildern denkst, wie ein Filmtrailer, der vor deinem geistigen Auge abläuft.

Gehe dann noch einen Schritt weiter und beziehe Emotionen mit ein. Wie fühlst du dich? Nehmen wir an, dein Traum wäre es, eine bekannte Solistin zu sein. Stell dir vor, wie du tanzt, was du anhast, du spürst die Hitze der Scheinwerfer, die positive Aufregung und am Ende hörst du den tosenden Applaus. Wie fühlt sich das an? Je mehr Details du in deinen Tanztraum-Trailer einbaust, desto besser. Dein persönlicher Tanzfilm mit dir in der Hauptrolle muss dich ab heute begleiten. Du bist, worüber du nachdenkst. Lasse keinen Tag verstreichen, ohne deinen Film zu sehen. *Das* ist Fokus.

DER »HEAD SPOT« BEIM DREHEN
IST DEIN FOKUS IM LEBEN

Was sagte Graf Adhemar über William? Woran ist sein Mut zu erkennen? Beim direkten Zusammenstoß nahm William nicht den Kopf hoch, um seine Augen vor Splittern zu schützen – er behielt seine Gegner immer fest im Blick. Fokus.

Im Tanz ist die pointierte Drehung verbreitet. Aus dem Ballett kennt man den Begriff Pirouette für eine schnelle Drehung auf einem Bein. Um dabei die Orientierung nicht zu verlieren, fixiert man einen Punkt, den man so lange wie möglich im Auge behält. Erst im letzten Moment dreht der Kopf, blitzschnell wird sofort wieder der Punkt fixiert. So funktioniert das auch mit deinem Fokus beim Tanztraum. Egal, was passiert: Du hast deinen Traum immer vor Augen. Vielleicht hört sich das jetzt einfach an; doch wir beide wissen, wie schwer es ist, sauber in der Drehung zu stehen. Schließlich gilt es nicht nur den Kopf im richtigen Moment zu drehen, sondern auch andere Dinge zu beachten:

- ➡ Aus dem Plié abstoßen
- ➡ Durchgestrecktes Relevé (auf dem Fußballen stehen)
- ➡ Knie vom Standbein durchstrecken
- ➡ Spielbein auswärts gedreht (zumindest bei der klassischen Pirouette)
- ➡ Becken stabil in der Körpermitte
- ➡ Feste Bauchdecke
- ➡ Schultern nach unten
- ➡ Arme in Spannung

- Kinn heben, Blickpunkt in Augenhöhe
- Kopf dreht zum Schluss
- Im Plié landen
- Lächeln, ein Tänzer lächelt immer

Als ungeübter Tänzer erscheint es unmöglich, das alles umzusetzen. Es bedarf unzähliger Versuche, bis man automatisch an alles denkt. Wenn nur einer dieser vielen Punkte vergessen wird, kann es sein, dass du ins Schwanken gerätst. Auch im Leben spielen viele Faktoren zusammen. Das Wichtigste ist: Behalte den Fokus auf deinen Traum. Lass den Trailer jederzeit abspielen.

KAPITEL 4

Ordne deine Sterne neu

William hatte für seinen Traum denkbar schlechte Voraussetzungen: Als Sohn eines Dachdeckers galt er als »Bauernjunge«. Ritter werden zu wollen schien für ihn unmöglich – zumindest war das die herrschende Meinung. Allerdings hat er sich davon nicht abbringen lassen; er glaubte seinem Vater, der stets sagte: »Wenn man nur will, kann ein Mann seine Sterne neu ordnen.« Natürlich ist die Geschichte im Film frei erfunden. Aber ich denke, wir sind uns einig, dass es Hunderttausende ähnlicher gab im Laufe der Menschheitsgeschichte. Auch du kannst deine Sterne neu ordnen.

Der deutsche Betriebswirt Wolfgang Mewes hat das in langer Forschungsarbeit sogar belegt; im Jahr 1970 begründete er die sogenannte »Engpasskonzentrierte Strategie«, die oft mit »EKS« abgekürzt wird. EKS ist die Lehre vom wirkungsvollsten Einsatz der Kräfte und Mittel. Dahinter steht die Erkenntnis, dass jedem Menschen, auch dir, ein gewisses Maß an Kräften und Mittel verschiedener Art zur Verfügung steht. Ziel ist es, diese Kräfte in der aktuellen Situation mit größtmöglicher Wirkung einzusetzen. Das passiert, wenn sich deine gesamte Energie auf einen bestimmten Punkt konzentriert. Damit kann es jedem Menschen gelingen, sich neu zu orientieren und mit effektivem Kräfteeinsatz erfolgreich zu werden. Es ist eine Tatsache, dass nicht die Umstände oder andere Personen für deinen Erfolg entscheidend sind, sondern dein Verhalten. Die richtige Strategie bedeutet, eine effektive Verwendung für die eigenen Kräfte zu finden.

Mewes hat ein Sieben-Phasen-Programm entwickelt, bei dessen Durchlauf automatisch eine Erfolgsspirale in Gang gesetzt wird. Zwar dachte er bei seiner Forschung vornehmlich an Unternehmer und Start-ups, die ein Produkt vermarkten wollen, aber letztendlich gelten diese Phasen für jeden, der sein Leben verändern und sich selbst auf den Erfolgsweg begeben möchte.

Lass uns gemeinsam dieses Programm Phase für Phase betrachten:

PHASE 1:
DIE IST-SITUATION FESTSTELLEN UND KERNKOMPETENZEN HERAUSARBEITEN.

Mache dir bewusst, wo du im Moment stehst, was du gerne machst und kannst. Wie sah Williams Situation aus? Sohn eines Dachdeckers ohne finanzielle Mittel. Doch er hatte Mut.

Denk an deine Situation: Wo stehst du heute? Wie sieht deine aktuelle Lage aus? Nimm dir gern ein Blatt Papier und lass alles aufs Blatt sprudeln, was dir rund um deine Tanzpläne einfällt. Jeder Gedanke, wirkt er im ersten Moment noch so nichtig, kann im Laufe deiner Karriere einen gewichtigen Platz einnehmen. Was sind Ressourcen, die du mitbringst? Was kannst du bereits heute gut, welche Fähigkeiten sind »angelegt« und können auf lange Sicht aktiviert werden? Sei nicht bescheiden, sondern hau' raus, was du in die Waagschale werfen kannst.

PHASE 2:
DAS AUFGABENFELD ERFORSCHEN,
DAS ERFOLGSVERSPRECHEND IST.

Für William war klar, dass sein Talent im Schwertkampf liegt und er mit der Lanze seine Leidenschaft gefunden hatte.

Deine Leidenschaft wiederum gilt dem Tanz. Gibt es einen Tanzstil, der dir besonders liegt? Einen Aspekt, bei dem es dir besonders leichtfällt, ihn zu beleuchten? Sammle möglichst viele Daten über »dein« Gebiet und stelle die klassischen W-Fragen: (Seit) Wann? Warum? Wie?

PHASE 3:
DIE ZIELGRUPPE HERAUSFILTERN.

Hier geht es darum, wer dein Produkt kaufen würde. Auf uns übertragen bedeutet das, dass wir herausfinden müssen, wer wir sein wollen und wo wir Menschen finden, die uns auf diesem Weg unterstützen. William ist als Ritter von Turnier zu Turnier gereist und hat sogar an einem Bankett teilgenommen, an dem sich alle Ritter am Abend versammeln.

Wo findest du die Tänzer, die so sind, wie du sein möchtest? Wenn du in den Kundenkontakt gehen möchtest; wo sind Menschen, die du unterrichten könntest?

PHASE 4:
DAS BRENNENDSTE PROBLEM
ZUERST NEHMEN.

Was war Williams größtes Problem gleich zu Beginn? Das nötige Geld, um starten zu können, sowie der Adelsbrief, der nötig war, um am Turnier teilnehmen zu dürfen. Welches Problem musst du als Erstes überwinden, um deinem Traum einen Schritt näher zu kommen? Wo ist dein Engpass besonders spitz?

In den seltensten Fällen ist es das pure Geld. Geld gibt es überall wie Sand am Meer. Die Bank gibt dir Geld, ein guter Freund, deine Eltern, vielleicht hast du einen dicken Sparstrumpf. Du kannst arbeiten gehen und sparen – Geld ist nicht wirklich ein Engpass. Wenn du im Kopf blockierst, stell dir vor, ich würde dir heute eine Million Euro schenken; was wäre jetzt dein nächster Engpass? Mit diesem Gedankenexperiment kommst du deinen wahren Herausforderungen auf die Spur.

PHASE 5:
INNOVATIONSPHASE.

Nun gilt es eine Strategie zu entwickeln, die das Problem dauerhaft lösen kann. Lasse dich auf keinen Fall davon abhalten, anzufangen. William hat fleißig trainiert und war bereits auf dem Weg zum Turnier, obwohl sein Problem noch nicht gelöst war. Erst auf dem Weg, als er Jeffrey getroffen hat, ergab sich für ihn die Lösung.

Auch dein Traum fühlt sich im Moment so an, als wäre er nicht erfüllbar. Aber dennoch: Beginne zu tanzen. Du kannst gleichzeitig eine Strategie finden, um die ersten Probleme zu lösen. Meistens ergeben sich die Dinge, wenn man bereits auf dem Weg ist.

PHASE 6:
KOOPERATIONSPHASE.

Finde Menschen, die dich auf deinem Weg unterstützen und dir helfen. William hatte seine Freunde, die zu Beginn ihr Geld in den Traum investierten, Ritter zu werden. Jeffrey hat mit seinem Adelsbrief ausgeholfen.

Wer ist es, der dich am jetzigen Punkt unterstützen kann? Auch hier gilt: nicht zwingend mit Geld. Unterstützung kann auf verschiedene Weisen wertvoll sein.

PHASE 7:
PRODUKTSPEZIALISIERUNG.

Unser Produkt sind wir selbst. William hat erkannt, dass er sich –
wenn er seinen Konkurrenten Graf Adhemar schlagen will – auf die
Lanze konzentrieren muss, weshalb er den Schwertkampf aufgab.

Vielleicht hast auch du viele Talente. Frage dich: Worin möchtest du
richtig gut werden?

Der Vergleich hakt an der ein oder anderen Stelle. Wenn du dich in
deinem (Tanz-)Leben nach vorne bringen möchtest, sind andere
Schritte notwendig als beim Erfolgsstreben eines Unternehmens. Aber
du kannst »herauszoomen« und wirst feststellen, dass die Schritte sich
doch in gewisser Form gleichen, zumindest ähneln.

Es ist egal, wie dein Traum aussieht. Behalte ihn im Fokus und du
kannst alles schaffen. Du musst nur an dich glauben.

KAPITEL 5

Glaub' an dich!

William hatte den Mut und das nötige Selbstvertrauen, um seine Chance zu ergreifen. Im Grunde ist das alles, was du benötigst, um deine Sterne neu zu ordnen. Vertraue deinen Fähigkeiten und glaube an Möglichkeiten, die dir das Leben bietet. Glaube daran, dass du das Zeug dazu hast, deinen Traum zu verwirklichen. Dieser Glaube an dich selbst ist das Fundament deines Erfolgs.

Sportwissenschaftler haben über Erhebungen und Forschungen verschiedene Merkmale und Eigenschaften erfolgreicher Sportler ermittelt.
Zu ihren Ergebnissen gehört, dass die Sportler ...

- überdurchschnittlich selbstbewusst sind,
- weniger ängstlich sind,
- sich höhere Ziele setzten,
- sich mehr anstrengen,
- optimistischer sind
- und mehr Druck aushalten.

Verwechsle Selbstbewusstsein nicht mit Arroganz – niemand möchte etwas mit Tänzern zu tun haben, die mit ihren Erfolgen angeben und ihre Überlegenheit zur Schau stellen. Wisse, was du kannst, aber fühle dich nicht erhaben. Sei mutig genug, dich kritischen Situationen zu stellen, aber laufe nicht blind in gewetzte Messer. Nimm Herausforderungen gerne an, aber sei auch dankbar für konstruktive Kritik, die immer eine Möglichkeit zum Wachstum darstellt.

Tänzer neigen dazu, ihre eigene Leistung zu kritisch zu bewerten. Der Drang, die Leiter nach oben zu steigen, ist nachvollziehbar, aber zwanghafte Selbstkritik ist fehl am Platz. Du stehst deinem Traum damit im Weg. Ich weiß, wovon ich rede; jahrelang habe ich mir eingeredet, ich sei nicht gut genug. An jedem Auftritt hatte ich etwas auszusetzen. Eine liebe Freundin sagte damals zu mir: »Kerstin, alle wissen, dass du tanzen kannst – nur du offenbar nicht.« Ich war damit beschäftigt, kritisch meine Fehler zu suchen, statt mich über meine Erfolge zu freuen.

Wenn du also Fehler suchst, die du verbessern möchtest, dann suche mindestens genauso viele Dinge, die du gut gemacht hast. Wenn du selbst keine Erfolge erkennst, frage deine Freunde und Familie, sie können dir sagen, was an deinem Auftritt besonders war.

Dein Selbstwert stützt sich auf tief empfundene Gefühle über deinen Wert als Mensch. Wenn die Bedürfnisse nach Liebe, Sicherheit, Geborgenheit, Bestätigung oder Zugehörigkeit in deiner Kindheit schlecht erfüllt wurden, hat dein Unterbewusstsein abgespeichert, dass du nicht gut genug bist. Diese verzerrten Überzeugungen wachsen mit der Zeit und dein Selbstbewusstsein wird immer kleiner. Heute kannst du bewusst entscheiden, wie du über dich denkst. Du hast in diesem Buch bereits gelernt, welche Macht deine Gedanken und Gefühle haben; nutze diese Macht!

An dieser Stelle möchte ich dir zwei Übungen mitgeben:

1. Wenn dir negative Gedanken kommen und du merkst, wie sie dir einreden wollen, du seist nicht gut genug, rufe: »Stopp!« – am besten laut in den Raum hinein. Sage anschließend drei Mal: »Ich bin gut, so wie ich bin. Ich schaffe das. Schritt für Schritt gehe ich meinen Weg.« Auch wenn du dir blöd vorkommst, habe Vertrauen. Die Übung ist sehr effektiv.

2. Starte jeden Tag mit einem Kompliment an dich selbst. Damit du es nicht vergisst, verbinde es mit einem Ritual, zum Beispiel jeden Morgen beim Zähneputzen. Sage dir selbst etwas Nettes, was du wirklich ernst meinst, ohne ein ›aber‹ im Satz. Eine mögliche Variante: »Kerstin, ich mag dich, weil du immer nach vorne schaust!«

Welches Kompliment wirst du dir ab heute jeden Morgen geben?

Wovon ich dir abraten möchte, ist, darüber nachzuforschen, *woher* dein geringes Selbstbewusstsein rührt. Meine Erfahrung mit Klienten zeigt, dass das Wissen um die Ursache nichts ändert, dich nur Zeit und Energie kostet und du ohnehin anschließend wieder nach vorne blicken musst. Den Umweg kannst du dir sparen. Du warst vor 10, 15 oder 20 Jahren ein anderer Mensch; wichtig ist, wer du *heute* bist und in welche Richtung du von nun an gehst. Über Vergangenes zu grübeln hält dich davon ab, deinen Traum zukünftig zu verfolgen. Schau nach vorn! Denk an deinen Tanztraum-Trailer.

Du kannst alles schaffen, was du dir vornimmst, wenn du nur fokussiert dranbleibst.

KAPITEL 6

FANG AN!
Was ist dein erstes Ziel?

Du hast deinen Traum vor Augen und den Mut, ihn wahr werden zu lassen. Du weißt, dass alles möglich ist, wenn du nur willst. Wie geht's von jetzt an weiter?

Denk an Williams Geschichte. Seinen Traum, Ritter zu werden, hatte er seit seiner Kindheit. Jetzt erkannte er seine Chance. Um das Turnier zu beenden, schlüpfte er in die Rolle seines Herrn Sir Hector. Ein großer Traum braucht Zeit und viele kleine Schritte, um dort anzu-kommen, wo du ankommen möchtest. Der erste Schritt besteht aber immer darin, irgendwo anzufangen.

Grundsätzlich gilt: Geh mit einem System vor. Spanne ein Netz, in das du dich immer wieder herabfallen lassen kannst, wenn es eng wird oder du nicht weiterweißt. Es ist wichtig, dass du von Anfang an auf direktem Wege auf deinen Traum zugehst und keine unnötigen Umwege nimmst. Die Kunst ist, deinen großen Traum in viele kleine Teilziele runterzubrechen.

Vielleicht ist es dein Traum, eine Tanzschule zu eröffnen, was aber erst in zehn oder 15 Jahren möglich ist. Damit du bis dahin nicht deinen Fokus verlierst, sind Teilziele nötig, mit denen du viele kleine Erfolgserlebnisse generierst, aus denen du wiederum Motivation und Kraft schöpfst und deinen Fokus im Blick behältst.

Wie klein dürfen diese Ziele sein? Es gibt diese Redewendung:»So wenig wie möglich, so viel wie nötig.« Das ist kein objektives Maß, sondern hängt von dir ab. Erinnere dich an William: Sein erstes Ziel in der Rolle Sir Hectors war es nicht, das Turnier zu gewinnen, sondern ganz schnöde auf dem Pferd zu bleiben. Klingt einfach, oder?

Hier sind sechs Gründe, die dir zeigen, warum Ziele setzen so wichtig ist:

1. Du bist glücklicher! Zu wissen, wohin das Schiff segelt, macht dich zufrieden.
2. Du bist selbstbewusster! Die vielen kleinen Erfolgserlebnisse stärken dich.
3. Du bist produktiver! Mit System gehst du jeden Tag auf dein nächstes Ziel zu.
4. Du bist motivierter! Du lebst jeden Tag deinen Traum im kleinen Stil.
5. Du bist entscheidungsfreudiger! Du weißt, wohin dich die Kette bringt.
6. Du bist erfolgreicher! Du siehst neue Möglichkeiten, die sich ergeben.

Effektiv sind deine Ziclc dann, wenn du sie *aufschreibst*. Bereits in der Schule hieß es: »Wer schreibt, der bleibt!« – durch das Schreiben stellst du sicher, dass dir Konzepte und Gedanken haften bleiben. Deine Ziele werden auch ein Stück weit verbindlicher. Wenn du deine Ziele jede Woche einmal aufschreibst (z. B. jeden Sonntagabend), erhärtest du immer wieder deren Bedeutung.

Ich selbst nutze seit Jahren einen besonderen Business-Kalender, in dem bereits zu Anfang eine Seite bestimmt ist, auf der ich mein Jahresziel formulieren kann. Dann folgt alle drei Monate eine rote Seite, auf der ich die Ziele für drei Monate festlegen kann. Du kannst deine Aufgaben und Ziele natürlich auch auf deine eigene Weise organisieren. Meine Erfahrung ist, dass es sich lohnt, Ziele zu setzen, ich hatte stets das Gefühl, mir selbst eine Verpflichtung zu geben, eine Art Verbindlichkeit, dass ich es tatsächlich »ernst meine«. Wo wirst du deine Ziele notieren?

UNTERSCHIEDLICHE ARTEN VON ZIELEN

Neben Fernzielen, Nahzielen und Zwischenzielen kannst du zwischen Leistungs- und Handlungszielen unterscheiden.

Leistungsziele sind Meilensteine auf dem Weg zu deinem Traum. Sie zeigen messbare Fortschritte.

Handlungsziele bilden dein Trainingsprogramm. Sie zeigen, was du im Tanztraining bereits erreicht hast.

Bei den Fernzielen geht es um Erfolge, die in der Ferne liegen. Das *kann*, muss aber noch nicht dein Traum sein. Ein Beispiel wäre deine erste eigene Choreographie, die du fertigstellst. Für so einen Schritt bedarf es in der Regel vieler Zwischenziele (passenden Song auswählen etc.)

Ein Nahziel könnte sein, die ersten vier Achter der Choreographie festzulegen. Deinen großen Traum erreichst du nur, wenn du dir kleine Ziele setzt und auf diese Weise deinem Endziel ein Stück näherkommst. Übrigens: Es ist unwichtig, wie lange es dauert. Hauptsache, die Richtung stimmt!

ZIELE RICHTIG FORMULIEREN

Die »SMART«-Regel hilft dir dabei, deine Ziele vernünftig zu formulieren. Das Wort SMART ist hierbei ein Akronym, jeder Buchstabe steht für einen Grundsatz, der dich darin unterstützt, das Ziel mit den richtigen Worten zu beschreiben.

S = spezifisch

Dein Ziel sollte so genau und konkret wie möglich sein. Träume nicht von »irgendwann mal eine Tanzschule haben«, sondern träume davon, wie du in vier Jahren in einer bestimmten Stadt ein 90 Quadratmeter großes Lokal einrichtest, der Empfang besteht aus einem großen dunkelbraunen Eichenholzschreibtisch, aufgehübscht mit einer modernen Tischdecke und einem großen Computer, in den du deine Kundendateien einpflegst. Der Raum ist ausgestattet mit vielen Matten, vielen Spiegeln und viel »Grünzeugs« im oberen Bereich, sodass sich dort niemand stößt. Und so weiter.

Sei konkret und spezifisch. Nicht *irgendwann mal*, sondern *2025*. Nicht *mehr Kapital*, sondern *250.000 Euro*.

M = messbar

Überlege dir ein Kriterium, an dem du prüfen kannst, ob du dein Ziel erreicht hast. Das geht Hand in Hand mit dem vorherigen Punkt; wenn du das Ziel hast, ein erfolgreicher Tänzer zu sein, dann kann das *alles* bedeuten. Mach es messbar!

A = akzeptiert

Du musst es wirklich wollen und dahinterstehen können, auch dann, wenn du eine schwierige Phase durchläufst. Das Leben besteht *immer* aus Berg- und Talfahrten. Hast du dein Ziel wirklich so akzeptiert, dass du zu jeder Sekunde bedingungslos dranbleiben wirst?

R = realistisch

Es sollte schaffbar sein. Sich das Ziel zu setzen, in die Vergangenheit zu reisen, unsterblich zu sein oder mit dem linken Ringfinger einen Elefanten hochzuheben mag zwar spektakulär klingen, ist aber nicht realistisch. Was ist ein Ziel, das du wirklich schaffen kannst? Hinweis: Realistisch sein heißt nicht, sich von finanziellen Hürden abschrecken zu lassen.

T = terminiert

Bis wann soll das Ziel erreicht sein? Streiche das *irgendwann* und ersetze es durch einen konkreten Zeitrahmen.

Besonders dann, wenn du noch keine Erfahrung hast, Ziele schriftlich zu formulieren, ist die SMART-Regel durchaus hilfreich.

Die richtige Wortwahl wird dich dabei unterstützen, dranzubleiben und dein Ziel zu erreichen. Ein Beispiel:

Ich will meine Pirouetten besser drehen können

Ich kann eine doppelte Pirouette sauber drehen
Mit welcher Zielformulierung wirst du wohl eher erfolgreich sein?

Ich werde meine erste eigene Choreographie tanzen
Auf der Familienfeier im nächsten Monat werde ich meine eigene Choreographie tanzen
Was meinst du, welches Ziel ist aussagekräftiger?

Du bist noch unsicher, wie du deine Ziele formulieren sollst?

Hier sind einige Tipps:

- Schreibe positiv
- Schreibe in der Gegenwartsform
  (»ich kann«, »ich bin«, »ich habe«, »ich mache«)
- Schreibe ohne Vergleiche (»besser als …«)
- Vermeide Verneinungen (»ich werde nicht …«)
- Sei dir bewusst, was dir dein Zwischenziel langfristig bringt
- Habe Ziele, die individuell auf *deine* Situation passen

Jetzt ist es an der Zeit, dass du dir deine Ziele festlegst. Wenn du an deinen großen Traum denkst; was ist das nächste Fernziel, das du in den nächsten drei bis sechs Monaten erreichen kannst? Welche Nahziele sind dafür notwendig? Was ist dein Ziel für diese Woche? Was wirst du heute noch tun, um deinem Fernziel einen Schritt näher zu kommen?

Ziele sind wichtig und fehlendes Wissen darüber ist eines der Hauptgründe, warum der Fokus vom großen Traum verloren geht: Entweder werden *gar keine* Ziele gesteckt, sodass man den Glauben verliert, oder die Ziele sind zu groß, sodass diese zu »übermächtig« erscheinen.

Kleine Ziele, die den Weg zum großen Ganzen ebnen, halte ich daher für optimal.

Ja – es bedarf Übung, die richtigen Ziele zu finden und positiv zu formulieren. Ich habe lange überlegt, ob und welche Beispiele ich dir geben kann. Doch ich habe mich dagegen entschieden. Ziele sind etwas sehr Persönliches. Ein Tänzer, der eine professionelle Bühnenkarriere anstrebt, wird andere Ziele verfolgen als der Hobbytänzer, der sein erstes Solo vor Publikum präsentieren möchte. Die sechs Vorteile einer Zielsetzung sind jedoch für alle gleich, auch das SMART-Modell gilt konstant.

Ausnahmen bestätigen natürlich die Regel. Es braucht nicht immer einen fixen Termin, an dem dein Ziel erreicht werden muss, ein Datum kann auch unter Druck setzen. Letztendlich kommt es auf deine Situation an. Meine Erfahrung und die vieler Klienten zeigt, dass es sinnvoll ist, hinsichtlich seiner Ziele nicht in den Tag hineinzuleben, sondern schriftlich zu fixieren, wohin die Reise gehen soll und dann darauf hin zu arbeiten. Wenn du einen bestimmten Auftritt hast und du bei der dafür geplanten Choreographie eine Doppelpirouette zeigen möchtest, bist du zeitlich festgelegt. Wichtig ist nicht, dass du »von heute auf morgen« alles kannst, sondern *kontinuierlich* an der Erreichung deines Ziels arbeitest.

Schreibe jetzt deine Ziele auf!

KAPITEL 7

Du hast Talent?

Gratuliere! Mach' was draus.

Mit »Talent« oder »Begabung« meinen wir die besondere Leistungs-fähigkeit in einem bestimmten Gebiet. Dadurch ist es möglich, Fort-schritte schnell zu erzielen. Wenn du als Tänzer erfolgreich sein möch-test, ist es von Vorteil, Talent mitzubringen; doch Talent allein ist *keine* Garantie. Talentierte Tänzer sind es gewohnt, dass ihnen die Schritte leichtfallen. Sie lernen schnell, sind meist die besten ihrer Gruppe und haben es nicht nötig, in extra Einheiten zu trainieren. Wenn du zu diesen talentierten Menschen gehörst – noch mal, dann beglück-wünsche ich dich – aber ich rate dir auch, dich *nicht* auszuruhen, sondern dein Talent für deinen Tanztraum zu nutzen. Der Erfolg wird sich nicht von alleine einstellen, egal, wie viel Talent du mitbringst.

Was aber, wenn dir Talent *fehlt*? Wenn du das Gefühl hast, du kommst zwar gut in deinen Rhythmus, aber eben nur so, wie du es dir »angelernt« hast?

Hier ist eine gute Nachricht: Für deinen Tanztraum ist Talent *nicht* notwendig. Es ist sogar *besser*, wenn du kein Talent mitbringst. Wie eben gesagt: Mit Talent neigen viele Tänzer dazu, ihre eigenen Fähigkeiten falsch einzuschätzen; sie überhöhen sich selbst oder werden träge und faul. Nicht, dass sie selten trainieren würden; aber sie legen eine andere Ernsthaftigkeit an den Tag als jene, die glauben, nicht so viel Talent zu besitzen.

Du kannst auf jedem beliebigen Gebiet ein Experte werden und deine Sache richtig gut absolvieren; es kommt nur darauf an, wie viel Zeit du investierst. Außerdem bin ich überzeugt, dass sich Talente entwickeln lassen.

Meine dreijährigen Tanzkinder faszinieren mich: Ich habe ein kleines Mädchen in der Gruppe, bei der es fast ein Jahr gedauert hat, bis ich nicht mehr das Gefühl hatte, dass sie bei jedem Schritt über ihre Füße fällt. Sie ist immer mit Begeisterung bei der Sache; heute ist sie sechs Jahre alt und man sagt über sie, sie habe »Talent«. Viele, die das heute über sie denken, hätten das noch vor einem Jahr nicht gesagt.

Es ist egal, wie talentiert du bist. Vielmehr brauchst du den Willen, Mut und Fokus. Mein Wunsch war es damals, professionell zu unterrichten, weshalb ich mich für eine Tanzausbildung interessiert habe. Beim Vorstellungsgespräch war ich verunsichert. Ich hatte keinerlei klassische Tanzkenntnisse und Hip-Hop kannte ich nur vom Hörensagen. Zweifel gingen mir durch den Kopf. Doch das Gespräch war anders, als ich erwartet habe; mir wurde lediglich *eine* Frage gestellt:

»Willst du das?« Ohne zu überlegen, war meine Antwort: »Ja!« – sie muss genauso überzeugend gewirkt haben, wie ich sie meinte, denn noch am selben Tag habe ich den Ausbildungsvertrag unterschrieben, es war die beste Entscheidung meines Lebens!

DIE 10.000-STUNDEN-REGEL

Anfang der 1990er-Jahre stellte der US-amerikanische Psychologe Anders Ericsson gemeinsam mit seinen deutschen Kollegen die sogenannte »10.000-Stunden-Regel« auf. Diese besagt, dass man *alles* lernen kann, wenn man nur ausreichend übt.

In der Studie ging es um Geigenstudenten der Musikakademie in Berlin; die Violinisten wurden in drei Gruppen unterteilt: In der ersten Gruppe befanden sich Stars, die das Zeug zu Weltklassesolisten hatten. In der zweiten Gruppe waren die guten Violinisten untergebracht und in der dritten jene, die vermutlich nie als professionelle Konzertmusiker auftreten werden. Sämtlichen Studenten wurde dieselbe Frage gestellt: »Wenn Sie Ihre gesamte Laufbahn zusammennehmen, beginnend mit dem Tag, an dem Sie das erste Mal eine Geige in die Hand genommen haben – wie viele Stunden haben Sie dann insgesamt geübt?«

Was denkst du, was sie geantwortet haben?

Es hatten alle etwa im selben Kindesalter mit zwei Stunden pro Woche begonnen. Schon nach ein paar Jahren ergaben sich deutliche Unterschiede: Die Studenten, die heute zur Gruppe der Besten gehörten,

begannen intensiver zu üben als die anderen. Im Alter von 20 Jahren
hatten die Elitemusiker insgesamt rund 10.000 Stunden geübt – im
Gegensatz dazu die nicht professionellen Musiker nur knapp über
4.000 Stunden.

Daraufhin verglichen Psychologen Amateur- und Profipianisten; auch
hier ergab sich das gleiche Muster: Amateure übten in ihrer Kindheit
nie öfter als dreimal pro Woche und hatten im Alter von 20 rund 2.000
Stunden Übungspraxis. Die Profis hatten hingegen Jahr für Jahr mehr
geübt und kamen, genauso wie die Geiger, mit 20 auf etwa 10.000
Stunden.

Fühl dich von diesen Zahlen nicht erschlagen. Ich möchte dir Mut
machen. Diese Studien beweisen, dass du alles lernen kannst, was du
möchtest, wenn du dir ausreichend Zeit nimmst. Es kommt nicht auf
dein Talent an.

Tanzen ist deine Leidenschaft; wenn du jede Woche deine Tanzstunden
besuchst, ist das keine Pflichterfüllung, sondern *Spaß*! Deine Freude
an der Sache, zusammen mit der Bereitschaft, etwas zu lernen, und ein
konkreter Traum vor den Augen machen dich unaufhaltbar. Wenn du
also mit Fokus, Konzentration, deiner mentalen Stärke und Zeit in eine
Fähigkeit investierst, wirst du dich zwangsläufig verbessern – bis hin
zum Niveau eines Profis.

Dazu passt ein Zitat von Bruce Lee: »Ich fürchte nicht den Mann, der
10.000 Kicks je *einmal* übte, sondern den Mann, der *einen einzigen*
Kick 10.000 Mal übte!«

Erinnere dich an den Ritter William, der mit seinem Training begann, nachdem er seine Freunde überreden konnte, die neugewonnen Silbertaler zu investieren. Unzählige Male versuchte er vergebens mit der Lanze in den kleinen Ring zu treffen. Frustriert stellten seine Freunde fest, dass auch der 1.000 Versuch missglückt war. William hingegen war weiterhin voller Energie, versuchte es noch einmal – und traf! Als er es dann endlich schaffte, machte er keine Pause, übte weiter, bis er bei jedem Versuch traf.

KENNE DEIN POTENZIAL

Weißt du, wo deine Tanzstärken und Tanzschwächen liegen? Wir fühlen uns gut, wenn wir uns sicher fühlen. Sicherheit gibt uns das Wissen darüber, was wir können. Wenn du deine Fähigkeiten als Tänzer nicht einschätzen kannst, entsteht das unbewusste Gefühl von Unsicherheit.

Es geht gar nicht darum, wie viel du kannst oder weißt. Wichtiger ist, dass du dich bewusst mit deinen Stärken und Schwächen auseinandersetzt. Je besser du dich kennst, desto wirksamer kannst du dich selbst in das große Rad deiner Umwelt einfügen. Kannst du realistisch einschätzen, wo deine Stärken liegen? Und bist du imstande zu akzeptieren, was du vielleicht noch nicht so gut kannst? Viele Tänzer versuchen mit großem Aufwand die eigenen Schwächen auszugleichen. Viel besser ist jedoch, seine Stärken systematisch auszubauen: Stelle deine Einzigartigkeit heraus!

Diese Erkenntnis musste ich auch erst lernen. Meine größte Tanzschwäche war immer, dass ich nicht gut springen kann. Das hat mich die ganzen drei Ausbildungsjahre verfolgt; Sprünge gehören zu einer gelungen Bühnenperformance nun mal dazu – zumindest dachte ich das. Ich war gewillt, an mir zu arbeiten und hatte mir ein kleines Sprung-Trainingsprogramm zusammengestellt. Dieses führte ich allerdings nur halbherzig aus und zog es nie konsequent durch; das Springen lag mir einfach nicht. Es gehörte zur Ausbildung dazu, doch heute konzentriere ich mich auf die Dinge, die ich gerne mache.

Verstehe mich nicht falsch: Es ergibt immer Sinn, etwas zu lernen und zu üben. Falls du gerade in einer Aus- oder Fortbildung steckst, empfehle ich dir, diesen Rahmen auf jeden Fall für deine Weiterentwicklung zu nutzen, besonders in Bereichen, die dir nicht sonderlich liegen.

Doch wenn es darum geht, eine Performance für die Bühne vorzubereiten, einen Wettbewerb oder eine Show, solltest du dich auf deine tänzerischen Stärken konzentrieren, mit denen du zeigst, was du wirklich kannst. Dafür ist es notwendig, die eigenen Stärken zu kennen. Was ist also mit dir? Kannst du spontan drei Stärken und Schwächen benennen?

Selbsteinschätzung: Beobachte dich die nächsten Wochen im Tanztraining. Notiere, was dir auffällt. Was fällt dir leicht? In welcher Fähigkeit bist du überdurchschnittlich? Gib jeder Fähigkeit eine Note von 1 bis 6, wie in der Schule.

Fremdeinschätzung: Frage mindestens acht Personen, die dich kennen, um Einschätzungen zu deinen Tanzfähigkeiten. Tanzkollegen, Trainer, deine Familie. Lasse sie deine Fähigkeiten nach dem Schulnotensystem bewerten. Wenn du es einrichten kannst, kannst du auch ein anonymes Umfragetool benutzen (z. B. Google Docs).

In der Regel sind wir streng mit uns selbst und daher unserer Stärken gar nicht bewusst. Deshalb wird dir die Fremdeinschätzung wertvolle Einsichten geben.

Baue deine Stärken gezielt aus, damit du vorankommst. Freue dich über weitere Erfolge!

Vergeude keine Energie damit, an vermeintlichen Schwächen zu arbeiten; etwas nicht zu können ist keine Schwäche. Im Gegenteil, etwas Neues zu lernen bedeutet, an einer künftigen Stärke zu arbeiten. Außerdem kannst du neue Fähigkeiten mit deinen Stärken kombinieren und dich auf diese Weise in deiner Einzigartigkeit entwickeln. Behalte den Fokus auf deinem Tanztraum. Welche neuen Fähigkeiten werden dir helfen, diesen Traum zu erreichen?

KAPITEL 8

Große Träume lassen sich nur in der Gruppe erreichen

Denken wir noch mal an die Geschichte aus dem Film zurück. Hat William seinen Traum, Ritter zu werden, *alleine* und vollkommen ohne fremde Hilfe erreicht? Sicher; er allein hat den Titel bekommen, doch ohne die Unterstützung seiner Freunde wäre das niemals möglich gewesen.

Auf deinem Weg gibt es nichts Mächtigeres als Freunde, die hinter dir stehen und dich begeistert unterstützen. Wenn du bisher geglaubt hast, auf deinem Weg zum erfolgreichen Solokünstler sind andere Menschen lediglich eine Art Konkurrenten, wirst du nie wirklich erfolgreich sein.

Sieger haben auf ihrem Weg nach oben *immer* Helfer und Unterstützer. Sie haben Begleiter, die im entscheidenden Moment da sind. Sie sorgen dafür, dass du deine Fähigkeiten maximal entwickeln kannst. Durch das Vertrauen auf andere lassen sich die Kräfte auf deinen Traum fokussieren.

Wer könnten diese Begleiter sein? Bei William war es zunächst sein Vater, der ihn darin bestärkt hat, seine Sterne neu ordnen zu können. Er brachte dem kleinen William bei, Mut zu haben, an seinen Traum zu glauben, und ermöglichte ihm die Ausbildung bei einem echten Ritter.

Vielleicht hast du auch das Glück, dass dich deine Eltern bei deinem Traum unterstützen und dir Möglichkeiten eröffnen.

Viele Jahre begleitete William zusammen mit seinen zwei Freunden den Ritter Sir Hector. In dieser Zeit ist die Freundschaft gewachsen. Als es dann darauf ankam, glaubten sie an William.

Hast du Freunde, die an dich und deinen Traum glauben? Bist du jeden Tag mit Menschen zusammen, die es gut finden, was du machst? Die dich zum Training motivieren? Oder hast du Menschen um dich herum, die deine Tanzleidenschaft belächeln, sie als sinnloses Hobby abtun, womöglich versuchen, dir deinen Traum auszureden?

Der Einfluss deines Umfelds ist groß. Die Menschen um dich herum können dir Kraft geben oder rauben; negatives Reden, auch, wenn du die Inhalte nicht glaubst, geht nicht spurlos an dir vorüber. Es ist auf Dauer enorm anstrengend, sich immer wieder zu erklären. Wir neigen dazu, unser Denken und Handeln unserem Umfeld anzupassen. Dir wird irgendwann die Energie fehlen und du wirst deinen Traum aus den Augen verlieren. Noch schlimmer: Du verlierst den Glauben an dich selbst. Lasse das auf keinen Fall zu!

Auch wenn es wehtut, musst du Menschen manchmal loslassen, wenn sie dir nicht guttun. Du brauchst dabei kein schlechtes Gewissen zu haben; es geht nicht um die Entscheidung für oder gegen einen *Freund*, sondern um die Entscheidung für deinen *Traum*! Es geht um dich. Wenn du vorankommen möchtest, brauchst du die richtigen Menschen um dich herum. Erschaffe dir ein positives Umfeld.

Was richtige Freunde tun:

- ➡ Sie fangen dich emotional auf, wenn es dir schlecht geht.
- ➡ Sie stellen deinen Traum lediglich konstruktiv infrage.
- ➡ Sie motivieren dich und machen dir Mut.
- ➡ Sie fördern dich an verschiedenen Fronten und glauben an dich.

Es geht nicht darum, lauter Ja-Sager um sich herum zu haben, die dir jeden Tag bestätigen, wie toll du angeblich bist. Das hilft nicht weiter; im Gegenteil: Richtige Freunde können ganz schön unbequem sein. Sie sagen dir ehrlich, was sie denken und machen dich auf Fehler und Schwächen aufmerksam. Sie zwingen dich dazu, Dinge zu erkennen, die du selbst nicht sehen willst. Solche Freunde sind für deine Entwicklung und deinen Fortschritt extrem wertvoll. Wenn du so jemanden hast – zeige ihm, wie wertvoll er für dich ist.

Stell dir vor, du hattest einen Tanzauftritt. Welche Art von Kommentaren werden dir dabei helfen, das nächste Mal *noch besser* zu werden?

Überschwängliches Lob ist schön und tut der Seele gut. Wer hört nicht gern, dass er alles ganz toll gemacht hat? Lob hilft dir aber nicht dabei, besser zu werden, sondern bringt dich ins gemütliche Fahrwasser, in dem du dich auf deinen Lorbeeren ausruhen könntest. Natürlich hilft es dir genauso wenig, wenn jemand alles schlechtredet: Die Mischung macht's! Du brauchst richtige Freunde, die *ehrliches* Feedback geben.

UMGIB DICH MIT MENSCHEN, DIE AN DICH UND DEINEN TRAUM GLAUBEN

Williams Vorbilder waren die erfolgreichen Ritter der Lanzenturniere. Er hat sie beobachtet und von ihnen gelernt. Hast du ein Vorbild? Jemand, der bereits da ist, wo du hinmöchtest? Nutze das Wissen deines Vorbilds. Lerne aus dessen Fehlern. Du kannst von niemandem mehr profitieren als von ihm. Suche dir bewusst eine Person als Vorbild, zu der dein Traum und deine Lebenswerte passen.

Frage dich:

- Wie hat mein Vorbild es geschafft, seine Träume zu verwirklichen?
- Wie wurden persönliche Schwächen überwunden?
- Wie ist er mit seinem eigenen Zweifel umgegangen?
- Mit welchen Menschen umgibt sich mein Vorbild?

Meine Leidenschaft ist die Tanzgeschichte. Aus Biographien unterschiedlicher Tänzer und Choreographen hole ich mir viel Inspiration und Motivation.

Fällt es dir schwer, um Hilfe zu bitten? Viele glauben, dass das ein Zeichen von Schwäche sei. Hab keine Angst davor als »unfähig« oder »bequem« abgestempelt zu werden; um Hilfe zu bitten zeigt, dass du etwas lernen und fortschreiten möchtest.

KAPITEL 9

Hinfallen, aufstehen, weitertanzen

Das Training von William hat sich gelohnt; er gewann ein Turnier nach dem anderen, bis er eine große Niederlage erlitt und als Sohn des Dachdeckers entlarvt wurde.

Wie würde es *dir* in dieser Situation gehen?

Klar – das Ganze ist eine Hollywoodgeschichte. Natürlich muss hier eine Art »Tal« kommen, aus dem dramaturgisch wieder herausgeklettert wird.

Doch auch auf das echte Leben passt es gut. Stell dir vor, du hast intensiv gearbeitet und bist hoch motiviert. Es könnte nicht besser laufen und dann – verlierst du einen Wettkampf, deine Soloperformance missglückt, du bekommst den Tanzjob nicht. Du erfährst eine Niederlage.

Bald musst du feststellen: Solch ein Rückschlag kann viele Gesichter haben und jedes Mal fühlst du dich in eine emotionale Achterbahn versetzt. Gefühle wie Verzweiflung, Frustration und Wut steigen in dir auf. Es liegt jetzt an dir, wie du mit dieser Situation umgehst. Bist du so enttäuscht, dass du deinen Traum aufgibst, oder bleibst du im Fokus?

Die Niederlage bedeutet nicht, dass dein Traum gescheitert wäre. Genaugenommen sind Niederlagen nötig, um in Zukunft erfolgreich zu sein. Wenn du eine neue Tanztechnik lernst, wird die Umsetzung anfangs fehlschlagen, doch am Ende wirst du daran wachsen.

Niederlagen sind ein wichtiger Teil deines Weges. Wenn du dich in einem solchen Moment entscheidest, gescheitert zu sein, bist du es auch. Die bessere Herangehensweise ist, die Situation als Wegweiser zu betrachten und aus ihr zu lernen. Sieh es so, dass dein bisheriges Verhalten gezeigt hat, wie es nicht geht. Und von jetzt an bist du schlauer und besser gewappnet für die Zukunft. Schau dir genau an, was schiefgelaufen ist. Woran lag es, dass der Wettkampf verloren wurde? Was war die Ursache für den missglückten Auftritt und an welchen Stellschrauben kannst du drehen, damit das nicht mehr passiert?

Analysiere deine Niederlage konstruktiv und ziehe sinnvolle Konsequenzen.

JEDE NIEDERLAGE IST EINE CHANCE

Verletzungen stellen die wohl dramatischste Niederlage dar, mit der Tänzer konfrontiert werden können. Wenn man vor einem wichtigen Auftritt aufgrund einer schweren Verletzung nicht auf die Bühne kann, ist es schwierig, optimistisch zu bleiben. Die eigene Welt dreht sich dann nur noch um das eigene Leiden und die eigenen Schmerzen, an Tanzen ist nicht mehr zu denken und niemand weiß, wie lange es dauern wird. Gutgemeinte Ratschläge machen es nur noch schlimmer.

Ich selbst habe das erlebt, als ich mir eine Woche vor der Bühnenprüfung meiner dreijährigen Tanzausbildung den Rücken verrissen habe. Ich kann nicht mal mehr sagen, wie es genau passiert ist, aber plötzlich waren die Schmerzen da und fuhren mir durch Mark und Bein. Anfangs hat mich das nicht beunruhigt; wer versetzt sich schon aufgrund ein paar kleinerer Schmerzen in den Pausenzustand?

Doch Wärmepflaster und ein Tag Pause haben nicht das bewirkt, was ich mir erhofft hatte. Es waren noch fünf Tage bis zur Prüfung und ich wurde mehr und mehr steif. Jeden Morgen quälte ich mich umständlich aus dem Bett und musste mir eine Stunde Zeit nehmen, um meine Wirbelsäule zu mobilisieren. Erst danach konnte ich mich frei bewegen und für den Auftritt trainieren. Durch die Aufregung wurde ausreichend Adrenalin frei, sodass ich während der Show keine Probleme hatte.

Nach ein paar Tagen Pause ging ich wieder zur gewohnten Tanzroutine über, doch wirklich in Ordnung war mein Rücken nicht. Ich habe trotzdem weitergemacht, bis die Schmerzen unerwartet explosionsartig zunahmen und ich kaum noch gehen konnte. Panik. Angst. Was nun? Jeder Schritt war eine Qual – was war nur mit meinem Körper los?

Der Anruf beim Facharzt war ernüchternd: Ich solle mich erneut melden, wenn ich gar nicht mehr laufen könne und einen Termin bekam ich erst in einem halben Jahr. Und nun? Irgendetwas musste ich tun, also ging ich zu einem Osteopathen, der sich meinem Leiden annahm. Ich bekam Tanz- und Stretchingverbot und war am Boden zerstört. Mühsam hatte ich mir die letzten Jahre Beweglichkeit und Fitness erarbeitet – und nun sollte der ganze Aufbau Schritt für Schritt abebben?

Es half alles nicht. Ich musste den Anweisungen folgen, da ich wieder fit werden wollte. Nach drei Wochen war aber immer noch keine Besserung in Sicht, sodass ich mir zunehmend Sorgen machte. Wie lange sollte es noch dauern?

Verzweifelt leistete ich mir einen weiteren kostspieligen Osteopathie-Termin. Angeblich hätte sich bereits viel getan, viel mehr könne man jetzt nicht machen. Ich merkte von der Therapie rein gar nichts und seit über sechs Wochen verharrte ich in Schmerzen, ohne jegliche Aussicht auf Besserung. Es galt weiterhin ein Tanz- und Stretchingverbot, das für mich eine emotional belastende Zeit darstellte. Über drei Monate hat es gedauert, bis ich mich wieder einigermaßen schmerzfrei bewegen konnte.

Ich verstehe, dass eine Verletzung selbst den optimistischsten Tänzer emotional verändern kann und habe aus dieser Erfahrung gelernt. Ich weiß, dass sich ein Gefühlschaos einstellen kann. Sportpsychologen haben bei verletzten Profisportlern festgestellt, dass sie ähnliche Gefühle durchleben wie Menschen, die erfahren haben, dass sie an einer tödlichen Krankheit leiden.

Sie durchleben folgende Gefühlsphasen:

1. **Leugnung:** Man gibt vor, dass alles »gar nicht so schlimm« sei
2. **Zorn:** Ausbruch der Gefühle, man fragt sich: »Warum ich?«
3. **Verhandeln:** Klammern an Hoffnungen, »handeln«, um Lage zu verbessern
4. **Depression:** Alles fühlt sich schwer an, Lethargie und negatives Denken
5. **Akzeptanz:** Man schließt Frieden mit der Situation

Es geht hier um extreme Fälle, die bei dir so nicht eintreten müssen. Mir ist wichtig, dass du weißt, dass es in Ordnung ist, wenn dein Innenleben erstmal auf den Kopf gestellt wird. Bitte achte auf dich und deinen Körper. Nimm Schmerzen ernst.

An dieser Stelle helfen Fakten und Logik. Wenn du verletzt bist und dadurch dein Training unterbrechen musst, ist das erstmal eine schreckliche Niederlage, doch auch hier versteckt sich eine Chance. Behalte den Fokus auf deinen Traum. Hinterfrage, wie es zu dieser Verletzung kommen konnte. Was kannst du besser machen? Wie lässt sich verhindern, dass dir das erneut passiert?

Leider musste ich oft erleben, dass Tänzer nach der Verletzung genauso unvorsichtig mit ihrem Körper umgegangen sind wie vorher. Sei dir im Klaren, dass jede vorübergehende Einschränkung zu einem chronischen Problem werden kann. Ich möchte dich nicht beunruhigen, sondern sensibilisieren.

KAPITEL 10

Willst du es *wirklich*?

Für William gab es nie den geringsten Zweifel: Er wollte Ritter werden. Wie sieht es bei dir aus? Um fokussiert tanzen zu können, braucht es einen Traum. Manchmal verändern sich Prioritäten und es ergibt Sinn, seine Ziele zu hinterfragen. Du kannst nur dann erfolgreich sein, wenn du es wirklich willst. Hänge keinen Jugendträumen nach. Es ist absolut in Ordnung, wenn du mit 16 ganz andere Träume verfolgt hast und heute anders denkst. Tu dir selbst einen Gefallen und prüfe, ob du deinen aktuellen Traum wirklich wahrwerden lassen möchtest.

Mir liegt am Herzen, dass du deinen Traum verfolgst. Es könnte sein, dass du deine Ziele von außen »aufgedrückt« bekommst; sowas passiert schleichend und leider oft schneller, als man denken würde. Plötzlich steckt man in einem Trott, den man eigentlich gar nicht haben wollte. Der Druck der Gesellschaft, aber auch des unmittelbaren Umfelds, wirken auf dich ein – in Form von Familienmitgliedern oder auch Freunden, die nicht ganz verstanden haben, was dir wichtig ist.

Deine Ziele müssen von *dir* kommen, sonst wird dein Unterbewusstsein dafür sorgen, dass du nie dort ankommst, weil du ja eigentlich gar nicht willst. Die Folge würde Unzufriedenheit sein; dein Unterbewusstsein kennt dich besser, als du denkst.

Prüfe dich deshalb selbst. Mit diesen 5 Fragen findest du heraus, ob dein Traum wirklich auf deinen eigenen Wünschen basiert:

1. **Will ich meinen Tanztraum wirklich erreichen?**
   Denk an deinen Filmtrailer. Siehst du dich vor deinem inneren Auge? Wie fühlst du dich? Kommt der Wunsch aus dir selbst? Wenn deine Antwort »Nein« ist, solltest du dir Zeit nehmen und in dich hineinhören, was du (stattdessen) willst. Nur dann, wenn du ehrlich mit dir bist, wirst du zufrieden und erfolgreich sein. Ist deine Antwort »Ja«, geh über zur nächsten Frage.

2. **Was brauche ich, um meinen Traum zu erreichen?**
   Disziplin ist nötig, eine Ausbildung, Geld, vielleicht ein Orts- oder Trainerwechsel ... die Liste ist bei jedem Menschen anders. Nimm dir die Zeit und schreibe auf, was du alles brauchen wirst.

3. **Woher bekomme ich, was ich brauche?**
   Nun kannst du herausfiltern, was du *konkret* benötigst, um die nächsten Schritte zu gehen. Recherchiere, welche Ausbildung zu dir passt, wo und zu welchem Zeitpunkt sie stattfindet, wann du starten möchtest, welchem Trainer du womöglich zugeteilt werden wirst und so weiter. Wann wird das erste Treffen sein? Brauchst du Einzelstunden? Sei so konkret, wie es nur geht.

Orientiere dich an deiner Liste von Punkt zwei. Plane die Details. Zu aufwendig? Dann ist es wohl doch nicht das Richtige für dich. Du sagst »Ja« zu deinem Traum? Trotz allem? Dann weiter!

4. Was kostet mich das?

Falsche Frage! Besser ist zu fragen: Was kostet es dich, wenn du deinen Traum *nicht* verfolgst? Und hiermit ist nicht vorrangig das Monetäre gemeint, vielmehr sind es die »emotionalen« Kosten. Wenn du bei Punkt drei festgestellt hast, dass du intensives Training brauchst, bedeutet das, dass du auf Zeit mit Freunden und deiner Familie verzichten musst. Der Verzicht sind die Kosten. Schau dir an, was du brauchst und was es für dich bedeutet. Ist es dein Traum wert? Willst du dir das antun? Alles hat einen Preis. Du entscheidest.

5. Wie sieht mein Leben aus, wenn ich es geschafft habe?

Anders als in deinem Filmtrailer darfst du dir jetzt deinen Alltag ausmalen. Stell dir vor, du lebst deinen Traum; wie sieht dein Leben aus? Als erfolgreiche Bühnentänzerin bist du ständig unterwegs, lebst im Hotel aus dem Koffer, triffst nur noch selten deine Freunde und Familie. Oder aber, du hast deine eigene Tanzschule eröffnet und trägst für alles die Verantwortung, musst die Räumlichkeiten pflegen und dich um dein Team kümmern.

Frage dich auch, was dieses Leben aus dir macht. Wie wirst du dich als Mensch verändern? Willst du dieses Leben mit all seinen Vorzügen und Herausforderungen aufnehmen?

Wenn du jetzt von ganzem Herzen »Ja« sagen kannst, rate ich dir, deinen Traum im Fokus beizubehalten. In diesem Moment ist die Wahrscheinlichkeit um ein Vielfaches gestiegen, dass du genau das erreichen wirst, was du dir wünschst und vorstellst.

KAPITEL 11

Geh ins nächste Level und wachse!

Kannst du dir den kleinen William vorstellen, als ihn sein Vater bei Sir Hector zurückgelassen hat? Er hatte bestimmt große Angst, als ihm klar wurde, dass es nun auf eine große Reise gehen wird. Ihn beschlich die Angst, nicht mehr nach Hause zu finden, das Bestehende zu verlieren; er wusste nicht, was auf ihn zukommen würde. Konnte er alles schaffen? William hatte jede Menge Gedanken, Sorgen und Ängste.

Hast du auch oft das Gefühl von Angst? Hast du gar deinen großen Traum aufgegeben, weil er nicht aus deinem Herzen kommt oder weil dir die Veränderungen Angst machen? Ich bin ehrlich: Schon oft stand ich vor großen Herausforderungen, die mir eine Heidenangst eingejagt haben.

Besonders gut kann ich mich in den noch jungen William hineinversetzen, da es mir als sechsjähriges Mädchen ähnlich ging. Natürlich wurde ich nicht für viele Jahre mit fremden Menschen auf Reisen geschickt; es waren nur drei Wochen, die für mich damals eine Ewigkeit darstellten. Aus gesundheitlichen Gründen wurde meinen Eltern empfohlen, mich über einen längeren Zeitraum an die Nordsee zu schicken, weil das Klima dort für meine Genesung wichtig gewesen sei. Für meine Mutter war es schwer, mich derart lange allein zu lassen. Es ging um meine langfristige Gesundheit, sodass sie mich für drei Wochen bei einer Jugendferienerholung anmeldete. Noch heute kann ich mich lebhaft an das Stockbett erinnern und wie oft ich mich in den Schlaf geweint habe. Im Anschluss waren wir als Familie nochmals drei Wochen an der Nordsee im Urlaub, seltsamerweise habe ich daran *keine* Erinnerung. Sich der Angst vor dem Ungewissen zu stellen, hat sich jedenfalls gelohnt. Ich hatte danach deutlich weniger und als Erwachsener kaum mehr Probleme mit der Lunge.

Tatsache ist, dass man in den allermeisten Fällen sehr gut weiß, was zu tun ist, es aus Angst aber selten durchzieht. Sei deshalb ehrlich mit dir selbst: Machen dir die Dinge, die du brauchst, um deinen Traum zu erreichen, Angst? Traust du dich deshalb nicht, vorwärts zu schreiten?

Falls ja, ist das traurig; denn in dir steckt unglaubliches Potenzial. Du könntest große Sprünge machen und wachsen – du musst es nur tun!

Dein Leben kannst du dir folgendermaßen vorstellen: Dein aktueller Alltag ist ein Ring, innerhalb dem du dich bewegst. Doch dieser Ring ist nicht mit einem goldenen Ring für den Finger zu vergleichen, sondern eher mit einem Exemplar aus Gummi. Er gibt dir einen Rahmen vor, den du jedoch erweitern kannst. Ungefähr so wie in deiner Tanzklasse. Anfangs bist du bei den Anfängern, danach gehörst du zu denen, die Vorkenntnisse haben, und danach wiederum geht's mit der Mittelstufe weiter. Von einem Level zum nächsten.

Es ist also eigentlich ganz einfach! Zuerst schaffst du dir mit deinem Gummi-Ring Raum, indem du ihn aufdehnst. Das machst du, indem du dich für das nächste Level anmeldest, also zum Beispiel in eine fortgeschrittene Klasse wechselst. Hier kannst du wachsen und diesen neuen Raum ausfüllen, bis es dir in diesem Abschnitt zu eng wird. Dann musst du dir wieder Raum schaffen und wirst abermals wachsen. So kann es immer weitergehen, bis du deinen Tanztraum erreichst.

WAGE ETWAS UND DU WIRST WACHSEN

Dieser Prozess mag gar nicht so einfach sein. Schließlich weißt du nicht, was dich im nächsten Level erwartet. Wenn du dich in deiner aktuellen Tanzgruppe wohlfühlst, fällt es dir womöglich schwer, neue Wege zu gehen. Es ist dann wichtig, dein nächstes Ziel im Fokus zu haben und zu wissen, wann es an der Zeit ist, ins nächste Level zu wechseln.

Keine neuen Herausforderungen zu haben, bedeutet Stillstand: So einfach ist das. Der Grund ist meistens Angst. Es gibt Urängste, die in uns verankert sind. In der Steinzeit ging es ums nackte Überleben. Im Kampf mit dem Säbelzahntiger hatte die Angst eine Schutzfunktion. Auch heute gibt es diese Ängste. Du kennst sie nur unter einem anderen Namen: Schüchternheit, Bequemlichkeit und Perfektionismus.

Bleiben wir gedanklich bei dem Beispiel, dass du eigentlich weißt, dass ein Wechsel in eine andere Tanzgruppe notwendig ist, um zu wachsen. Was hält dich davon ab? Bist du zu schüchtern? Bequemlichkeit ist der häufigste Grund; eine Freundin von mir war jahrelang in einer Tanzgruppe, die sie nicht weiterbrachte. Ihre Mitstreiter waren allesamt keine ambitionierten Tänzer, sondern liebten einfach die Gemeinschaft und sich zur Musik zu bewegen. Meine Freundin hatte Potenzial zu wachsen, doch es war viel bequemer für sie, in dieser Gruppe zu bleiben. Hier wusste sie, was als Nächstes kommt, und sie musste nicht extra zu Hause üben. Stillstand.

Auch der umgekehrte Fall kann dich zum Stillstand bringen: Perfektionismus. Es gibt Tänzer, die glauben, nie gut genug zu sein. Sie üben und üben und glauben, dass sie erst ins nächste Level können, wenn alles perfekt sitzt. Doch das ist falsch: Was heißt schon »perfekt sitzen«? Jeder hat seine Schwächen und das ist in Ordnung. Geh weiter ins nächste Level, denn nur so kannst du wachsen. Es bringt nichts, auf Perfektion zu warten, die sowieso nie eintritt; du würdest damit im Stillstand verharren.

DER GRÖSSTE FEHLER, DEN DU BEGEHEN KANNST, IST DER, NICHTS ZU TUN.

Wie kann man nun Angst berechnen und auflösen? Es gibt dazu tatsächlich eine Rechenformel:

Angst = Schrecken × Wahrscheinlichkeit / Kompetenz + Hilfe

Angst ist Schrecken. Sich zu erschrecken, das ist ein Gefühl. Nimm den Schrecken des Ungewissen; dieses Gefühl multipliziert sich mit der Wahrscheinlichkeit. Wie real ist dieses Gefühl? Wie real ist es, dass die Situation eintritt, vor der du Angst hast? Wenn du dir die neue Situation genau anschaust und dir viele Informationen einholst, wird sie nicht mehr gefährlich, sondern klar wirken. Dividiere das Ergebnis jetzt durch Kompetenz. Kompetenz kann sich jeder aneignen, zum Beispiel in Form von Fachwissen oder auch der erlernten Tanztechnik; du kannst dir dafür jederzeit Hilfe holen.

Merkst du, wie die Angst kleiner wird, wenn man sie genauer unter die Lupe nimmt? Angstgefühle sind keineswegs ein Grund, Wachstum zu verhindern oder gar deinen Traum aufzugeben. Wenn du mutig vorangehst, bedeutet es nicht, keine Angst zu haben.

MUT IST, TROTZ SEINER ANGST DAS RICHTIGE ZU TUN

Wie alles im Leben, können auch Ängste zunehmen. Das passiert, wenn du permanent negative Selbstgespräche führst: »Ich kann das nicht«, »Ich bin nicht gut genug« – eben Sätze, die du dir immer wieder im Kopf vorsagst. Mach das nicht. Das tut dir nicht gut und blockiert dich allenfalls. Sprich mit dir so, als würdest du mit deiner besten Freundin sprechen. Ihr würdest du niemals sagen, dass sie nicht gut genug ist, nehme ich an.

Was brauchst du, um deinen Traum zu erreichen? Hat dich Angst bisher davon abgehalten? Sage dir jetzt: »Ich mach das!« Geh ins nächste Level, schaff dir deinen Raum und wachse!

KAPITEL 12

Lass dich nicht ablenken!!

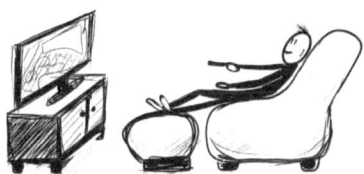

Es gab eine Zeit, in der sich William ablenken ließ. Du erinnerst dich bestimmt noch an Jocelyn, seine Herzensdame. Sie schaffte es, ihn von seinem Fokus abzubringen und sogar, getarnt als Zeichen seiner Liebe, das Turnier zu verlieren.

Wodurch lässt du dich ablenken? Fokus zu halten ist eine Kunst, die Energie fordert.
Jede Ablenkung macht es dir schwerer.

Was sind deine Ablenkungen und wie erkennst du sie?

Es können die Menschen um dich herum sein, die dich ablenken. Wie wichtig dein Umfeld ist, haben wir ja schon besprochen. Es geht eher um die Frage: Was *genau* lenkt dich ab?

Frage dich: Hilft das, was ich jeden Tag tue, um den Fokus auf meinem Traum zu behalten?

Ein Beispiel aus meinem Leben: Vor kurzem verspürte ich das Bedürfnis nach Veränderung und wollte mein Wohnzimmer neu gestalten. Ein anderes Sofa, vielleicht ein größerer Fernseher; ich bin tagelang mit dem Meterstab umhergelaufen, habe jede Wand und die Möbel abgemessen, im Möbelhaus verglichen und hin- und her überlegt. Mein Mann und ich haben unterschiedliche Ideen verfolgt; wir wollten Möbel umstellen, austauschen oder komplett ersetzen. Leider ließ unser kleines Wohnzimmer nur begrenzt Spielraum zu und mir ist aufgefallen, dass bei all unseren Gestaltungsideen immer der Fokus auf TV und Sofa lag. Wir fragten uns: »Kann man auch aus dieser Richtung gut auf den Fernseher schauen und dabei bequem auf dem Sofa liegen?«

Kommt dir das Szenario bekannt vor? Ist es nicht traurig, wie dieser flache rechteckige Kasten unseren Alltag bestimmt? Wir werden täglich von Werbung bombardiert, uns werden die unterschiedlichsten Produkte angeboten und wir sollen glauben, dass wir nicht ohne sie leben können. Hast du nicht auch schon im Supermarkt unbewusst zu dem bekannten Produkt aus der Werbung gegriffen? Hast du eine Lieblings-TV-Serie? Man redet sich ein, dass man dadurch entspannt – doch was passiert wirklich? Dir wird eine Meinung vorgegeben und du wirst um deine kostbare Lebenszeit gebracht. Es gibt verschiedene Social-Media-Kanäle, die zeitfressender nicht sein könnten. Unnötige Informationen lenken dich von deinem Fokus ab.

Wirklich erfolgreiche Menschen wissen nicht, was Promis gerade treiben; sie haben keine Zeit dafür. Auch wir haben zu Hause einen Fernseher stehen; Fokus heißt nicht, dass du nie wieder fernsehen oder dein Smartphone benutzen darfst, sondern vielmehr, sich von all diesen Dingen nicht *abhängig* zu machen. Gib diesen Beschäftigungen eine angemessene Wichtigkeit.

Beschäftige dich mit den Dingen, die dir dabei helfen, deinen Tanztraum zu verfolgen. Vieles in unserem Alltag läuft unbewusst und ganz nebenbei. Wenn du dich vor der »De-Fokussierung« schützen willst, musst du dich mit deinem Alltagsverhalten auseinandersetzen und für dich persönlich entscheiden, was du einschränken kannst, um dich nicht ablenken zu lassen.

Geh für dich die nächsten Punkte durch und betrachte sie als Impulse. Ziehe deine eigenen Schlüsse:

1. TV, Klatsch und Social Media: Entscheide bewusst und lass dich nicht ablenken.
2. Unterhaltung und Partys: Man muss nicht überall dabei sein.
3. Einfluss negativer Menschen: Minimiere den Einfluss, wenn sie dir nicht guttun.
4. Suche nach Informationen, die dich voranbringen.
5. Sorge für tägliche Energie. Was tut dir gut? Wie kannst du entspannen?

Es gibt nicht das eine, richtige Leben. Es gibt nur dein ganz persönliches. Beschränke dich deshalb nicht unnötig. Es ist sinnvoller, auf aktuelle Situationen zu reagieren. Wenn du dich auf einen wichtigen Tanzauftritt vorbereitest, ergibt es wenig Sinn, Zeit vor dem TV zu vergeuden. Zu einem anderen Zeitpunkt empfindest du es vielleicht als angenehm, sich berieseln zu lassen, ohne viel denken zu müssen. Du selbst bestimmst, in welche Richtung dein Leben verläuft.

KAPITEL 13

Fokus im Alltag

William hat an jedem Tag seinen Traum gelebt. Er hat sich als Ritter gefühlt und sich entsprechend verhalten. Allerdings wird dich das Gefühl allein nicht zum Ziel bringen. Denke daran, was William unternommen hat: Er hat keine Mühen gescheut und hatte sein Ziel jeden einzelnen Tag vor Augen.

Es gibt den Spruch: »Du bist, was du denkst« und ich bin überzeugt davon, dass er stimmt: Unsere Gedanken formen unser Bewusstsein. Gedanken alleine machen dich nicht erfolgreich, sondern Gewohnheiten, die dich deinem Traum Stück für Stück etwas näherbringen. Verhaltensrituale, die in Fleisch und Blut übergehen, ohne dass du darüber nachdenken müsstest (wie etwa das Anlegen des Sicherheitsgurts im Auto oder das Zähneputzen am Morgen). Du tust dir jeden Tag, ohne es dir bewusst vorzunehmen, etwa Gutes. Leider gibt es auch Gewohnheiten, die uns nicht guttun: Telefonieren während des Autofahrens oder nächtliche Fressorgien bei Liebeskummer. Für den

Moment fühlt es sich zwar richtig an, aber auf lange Sicht weißt du genau, dass es *nicht* gut für dich ist.

Wenn du dir etwas zur Gewohnheit gemacht hast, ob gesund oder ungesund, ist es schwierig, wieder davon loszukommen. Durch das häufige Wiederholen hat sich das Verhalten regelrecht eingebrannt. Um dein Training zur Gewohnheit zu machen braucht es Willenskraft, Disziplin und ein starkes »Warum?«. Hier kommt dein Tanztraum ins Spiel: Du hast bereits für dich geprüft, dass dein Traum wirklich von dir stammt und das Tanzen dein Herzenswunsch ist. Das wird dir helfen, positive Gewohnheiten umzusetzen.

50 % unseres Alltags besteht aus Routinen, aus Verhaltensabläufen, die wir automatisch abspielen. Es ist nachgewiesen, dass erfolgreiche Menschen ausgesprochen viele Gewohnheiten aufweisen, die ihnen dabei helfen, ihrem Ziel jeden Tag ein Stück näherzukommen. Wenn du jetzt motiviert denkst: »Super, dann geh ich ab morgen jeden Morgen joggen, dann Liegestütze, Sit-ups, Techniktraining und ...« – dann ist dein Aktionismus zwar zu loben, doch es ist unrealistisch, dass du es länger als zwei Tage durchziehen wirst. Gewohnheiten lassen sich nicht »über Nacht« installieren.

Grundsätzlich gilt: Es ist leichter, eine neue Gewohnheit dazuzu-gewinnen, als eine gewohnte aufzugeben. Trotzdem ist beides mit Ausdauer und Willenskraft verbunden. Wenn du ein disziplinierter Mensch bist, wird dir das helfen. Ich selbst war nie mit überdurch-schnittlich großer Disziplin gesegnet, doch ich habe Ausdauer und das hat mir bisher immer geholfen.

Die wichtigste Routine während meiner Tanzausbildung war mein morgendliches Yoga-Ritual. Es sollte mir dabei helfen, aktiv in den Tag zu starten, um anschließend produktiver zu sein – und außerdem wollte ich an meiner Beweglichkeit arbeiten. Hochmotiviert stellte ich mir ein kleines Yogaprogramm zusammen – und dann?

Ich will ehrlich mit dir sein: Das hat überhaupt nicht funktioniert. Als Krankenschwester war ich in den Schichtdienst eingebunden, an Spätdiensttagen hat es zwar geklappt, doch du kannst dir vorstellen, dass ich in der Früh um 5 Uhr keine Lust hatte, Yoga zu betreiben. Dazu kam meine kaum ausgeprägte Disziplin. Also gab es immer wieder Tage, an denen ich mein Yoga ausfallen ließ. Ich wurde unzufrieden, sodass ich mir etwas Neues einfallen lassen musste.

Ich wollte mich selbst überlisten; mein ausgetüfteltes Morgenprogramm wurde gestrichen und ich habe mir nur eine einzige Übung vorgenommen. Den Sonnengruß – nur ein einziges Mal, sodass ich ihn selbst um 5 Uhr morgens schaffen konnte (er dauerte nicht länger als zwei Minuten).

Diese Strategie hat sich bewährt: Dank meiner Ausdauer habe ich mich von »Ausfällen« nicht abschrecken lassen und bin drangeblieben. Das Ergebnis war, dass ich an lustlosen Tagen wirklich nur diesen *einen* Sonnengruß ausgeführt habe. Das hat mich motiviert und ich konnte mit einem guten Gefühl in den Tag starten. An freien oder Spätschichttagen hatte ich mehr Zeit, sodass aus meinem Sonnengruß oft ein 40-minütiges Yogaprogramm wurde.

Mein Appell: Starte stets mit einer gesunden, positiven Gewohnheit in den Tag, die dir dabei hilft, deinem Ziel ein Stück näher zu kommen. Sei nicht übermotiviert; nimm dir nur eine Kleinigkeit vor. Es kann zur Gewohnheit werden, wenn du sie täglich betreibst. Experten sprechen davon, dass es 30 bis 66 Tage braucht, bis ein Verhalten als Gewohnheit »gespeichert« wird.

Ein weiterer Trick, um Rituale in den Alltag zu integrieren, besteht darin, das Neue mit etwas Gewohntem zu kombinieren. Du könntest zum Beispiel immer beim Zähneputzen eine Technikübung verrichten. Ich habe von einem Sportler gelesen, der bei jedem Betätigen der Toilettenspülung 10 Liegestütze gemacht hat – eine effektive Gewohnheit!

Welche Gewohnheit wirst du dir ab heute aneignen?

Beachte:

- ➡ Eine Kleinigkeit reicht, wenn du Lust und Zeit hast, darf gern mehr daraus werden
- ➡ Am besten immer zur gleichen Zeit, zum Beispiel am Morgen nach dem Aufstehen
- ➡ Kombiniere die neue Gewohnheit mit einer Routinehandlung, wie dem Zähneputzen
- ➡ Nimm dir erstmal nur eine neue Gewohnheit vor
- ➡ Nimm erst dann die nächste hinzu, wenn du eine implementiert hast

Mich hat oft der Trainingsgedanke vom Training abgehalten. Das Gefühl von »ich muss jetzt zwei Stunden Ballett üben« hat mich so angestrengt, dass ich häufig gar nicht erst angefangen habe. Um mir nicht selbst im Weg zu stehen, führte ich kleine Übungen nebenbei aus. Zum Beispiel, indem ich zu Hause auf dem Fußballen umhergelaufen bin, um die Kraft im Fuß und der Wade zu trainieren. Meine Ausbildungskollegin hat erzählt, dass sie beim Kochen Développé übt, also aus dem Stand das Bein in die Luft bringen. Was glaubst du, wer konnte welche Übung besser?

Natürlich ersetzen diese Kleinigkeiten kein konsequentes Tanztraining, besonders dann nicht, wenn du professionell tanzen möchtest. Doch gerade diese Minigewohnheiten machen auf lange Sicht den Unterschied und werden dir dabei helfen, deinen Fokus zu behalten.

KAPITEL 14

Offen für Neues

William war auf der Suche nach einem Schmied, da seine Rüstung komplett zerstört wurde und sie außerdem nie so richtig gepasst hat. Schließlich war es die von Sir Hector. Kein Schmied wollte für William arbeiten, er hatte kein Geld. Aus der Not heraus wendete er sich an eine Frau, die Schmiedin im Ort. Natürlich wollte auch sie nicht umsonst arbeiten. Mit einer List konnte er sie überreden, indem er ihr vorgaukelte, dass sich die anderen Schmiede über sie lustig machen würden, weil sie als Frau nicht gut genug sei. Der Appell an die Ehre hatte gewirkt; sie arbeitete für ihn, forderte aber im Gegenzug für ihre Arbeit, dass er ihre neuartige Rüstung ausprobieren würde. William war im Zugzwang und musste sich darauf einlassen.

Hast du dich schon einmal auf andere Tanzstile eingelassen? Ich empfehle dir diese Option. Auf diese Weise kannst du dich und deinen Körper neu entdecken und herausfinden, dass dir ein anderer Tanz womöglich noch besser gefällt.

Beispiel aus meinem Leben: Ich hatte Vorurteile gegenüber »Bolly-wood«. Dieses Gehüpfe sprach mich nicht an; Sprünge waren – wie du weißt – ohnehin nicht mein Ding. Es hatte sich jedoch ergeben, dass ich einem Bollywood-Kurs beiwohnen durfte – und zu meiner Überraschung machte es mir richtig viel Spaß! Ich habe die Vielfalt des Bollywood schätzen gelernt und einen Eindruck vom indischen Stil Kathak gewonnen. Auch den Folgekurs habe ich nie bereut.

Ähnliche Erfahrung habe ich mit dem Hula-Tanz gemacht. Die flie-ßenden Bewegungen, bei der jede von ihnen eine Bedeutung hat, ist eine sehr schöne Art zu tanzen, was ich ebenfalls nicht gedacht hätte. Das Besondere an diesem Sommerworkshop war, dass ich später zusammen mit meiner Freundin die Möglichkeit hatte, dieses gelernte Stück auf der Bühne zu zeigen. Ich erinnere mich gerne daran.

Wie du siehst, bin ich ein großer Befürworter von Tanzworkshops. Für mich gibt es dabei nur Vorteile: Man lernt Gleichgesinnte kennen, tauscht sich aus und motiviert sich. Man kommt mit einem neuen Trainer zusammen, bei dem man sonst nicht die Möglichkeit hätte, zu lernen.

Man kann neue Tanzstile ausprobieren oder sich selbst herausfordern. Manchmal wähle ich ganz bewusst eine Anfängerklasse, um mich auf den Flow und den eigenen Groove zu konzentrieren. Ein anderes Mal besuche ich direkt die Masterclass, weil ich mich fordern will. Letzt-endlich solltest du dir im Klaren darüber sein, was du erreichen möch-test. Ist es dein Anliegen, ein neues Körpergefühl zu entwickeln, wird der einmalige Besuch eines Workshops nicht ausreichen.

Meine tänzerischen Wurzeln liegen im Orientalischen Tanz; und das hat man in meiner Hip-Hop-Performance gesehen – erst nach einem Jahr Tanzausbildung habe ich von meinem Trainer das Feedback bekommen, dass er »heute nichts Orientalisches gesehen« hat. Einer meiner ersten Ausflüge in andere Tanzstile war der Flamenco. Ich hatte nie die Absicht, Flamenco zu lernen, ich hatte einfach das Bedürfnis nach neuem Bewegungsinput und wollte Floreos (typische Handbewegung im Flamenco) erlernen.

Grundsätzlich gilt: Du kannst in jedem Tanzworkshop etwas lernen. Sei offen und probiere andere Tanzstile aus. Du gewinnst immer. Natürlich wird es vorkommen, dass du etwas nicht magst oder es dir nicht liegt. Das ist in Ordnung. Du hast auf jeden Fall diese neue Erfahrung gemacht. Allerdings muss ich dich warnen, ein Thema zu schnell abzuhaken. Manchmal muss man sich selbst erstmal die Chance geben, sich im neuen Stil wiederzufinden. Wenn du dich als Tänzerin entwickeln oder gar professionell tanzen möchtest, darfst du nach dem ersten komischen Gefühl nicht direkt aufgeben.

Wenn du dich als Hip-Hop-Tänzer auf den orientalischen Tanz einlässt, wird das deine Fähigkeit der Körperisolation enorm bereichern. Genauso kannst du als orientalische Tänzerin von den großen Bewegungen des Hip-Hop profitieren.

Meine allererste Modern-Dance-Stunde war eine Katastrophe; das ständige Hinfallen, auf dem Boden rollen, dann die Schulterrolle – ich wusste gar nicht, wie ich meinem Körper verständlich machen soll, was er zu tun hat. Zum Glück habe ich mich davon nicht negativ beeinflussen lassen. Im Rahmen der Tanzausbildung habe ich dann einen umfangreichen Eindruck von Modern Dance bekommen, mich mit der Bodenarbeit angefreundet und erkannt, welche Möglichkeiten sich mir daraus bieten.

Sei offen und entscheide selbst, welchen Tanz du intensiv lernen möchtest. Mit Fokus auf dein Tanz-Ziel wirst du wissen, was dich weiterbringt.

KAPITEL 15

Entspann' dich mal!

Jeder Tänzer macht sich Druck, egal, ob du auf der Familienfeier aus Spaß tanzt, für einen Auftritt gebucht wirst oder bei einer Show mitwirkst. Du hast dich vorbereitet und möchtest dein Bestes geben, wenn es darauf ankommt. Bei manchen Menschen schlägt dieser Druck in *Stress* um – und Stress wird nicht der Grund sein, warum du mit dem Tanzen angefangen hast.

Vor jedem Auftritt frage ich mich: »Warum mache ich das eigentlich? Warum muss ich überall dabei sein?« – kennst du das? Natürlich wusste ich, warum ich das mache, schließlich hängt am Tanzen mein Herz. Trotzdem war es immer eine große Aufregung.

Ein paar Stunden vor einem gebuchten Hochzeitsauftritt habe ich erfahren, dass ich den Bräutigam kenne und unter den Gästen Leute sein werden, die mich nur aus der Klinikarbeit und nicht als Tänzerin kennen. Kannst du dir vorstellen, wie es mir ging? Es brach ein gewaltiges Gedanken- und Gefühlschaos los. Unser Auftritt als Trio war gelungen, das Publikum begeistert und natürlich war ich froh, dass ich dabei war.

Stress ist nicht gleich Stress; jeder Mensch empfindet andere Situationen als unterschiedlich stressig. Es gibt den *positiven* Stress, der das Beste aus dir herausholt, und den *negativen* Stress, der dich fertigmacht.

Distress = negativ

- langfristige Überbelastung
- du fühlst dich handlungsunfähig
- du fühlst dich gehemmt und blockiert
- Probleme erscheinen unlösbar

Eustress = positiv

- kurzfristiges Anspannungsereignis
- fordern, man ist sich bewusst, dass man alles schaffen kann
- man ist leistungsfähiger und kann zusätzliche Kräfte mobilisieren

Besonders gern tanze ich in der Gruppe, weshalb ich an vielen Tanzprojekten teilgenommen habe. Die gemeinsame Arbeit im Vorfeld, das »auf den Auftritt hinfiebern« und die Freude danach ist in der Gruppe einfach am schönsten. Bei Gruppenauftritten empfinde ich die Anspannung als nicht wirklich hoch; bei Solo-Auftritten dagegen empfinde ich ein hohes Stresslevel, allerdings habe ich dabei auch immer die größte Entwicklung durchlaufen.

Was stresst dich? Bringt dich dieser Stress voran?

Es ist wichtig, sich und seinen Körper zu entspannen. Du kannst langfristig nur Leistung erbringen, wenn du deinem Körper Zeit für Erholung gibst. Auch hier gilt: Jeder empfindet etwas anderes als erholend. Für meinen Bruder ist Yoga eine Art Meditation. Ich dagegen nutze Yoga als Stretching-Workout. Musik hören mag für manchen entspannend wirken, doch viele Tänzer können dabei nicht abschalten und denken automatisch an Schrittkombinationen.

Der Kopf tanzt und kann nicht abschalten. Beobachte dich selbst und finde heraus, was dir guttut.

Das erste Jahr der Tanzausbildung löste sehr viel Druck bei mir aus. Mehrere neue Tanzstile, die auf einmal zu lernen waren, umfangreicher Theorieunterricht, viele Hausaufgaben. Nach längerer Zeit konnte ich endlich wieder loslassen und habe für mich zu Hause im Wohnzimmer getanzt, ohne Leistungsdruck, ohne perfekte Technik, einfach für mich. Das war und ist bis heute meine Entspannung.

Später hat sich aus meinen Entspannungs-Wohnzimmer-Tänzen mein persönlicher Tanzstil entwickelt. Nur wenn du entspannt bist, kannst du kreativ arbeiten. Hast du schon einmal unter Anspannung an einer neuen Choreografie gearbeitet? Ich kann mir nicht vorstellen, dass dabei etwas Einzigartiges entstanden ist.

KAPITEL 16

Lebe deinen TANZFOKUS!

William wusste anfangs nicht, wohin ihn sein Leben führen würde. Er hatte einen Traum – und ging einfach los. Er setzte einen Fuß vor den anderen und steuerte die Erfüllung seines Traums an, ohne die Gewissheit zu haben, wie diese Erfüllung konkret aussehen könnte.

Auch bei dir ist das der Fall. Selbst wenn du heute noch nicht genau weißt, wie dein Tanztraum am Ende aussehen wird, ist es Zeit, bereits loszulaufen. Deine Leidenschaft ist der Tanz, sonst hättest du dieses Buch nicht gelesen. Folge dieser Leidenschaft und gehe den ersten Schritt.

Ich wusste ebenfalls viele Jahre nicht, wo meine Reise mich hinführen würde. Ich wollte tanzen und nutzte jede Gelegenheit, zu lernen und mich zu entwickeln. Mit kleinen und großen Zielen wurde mir immer klarer, wer ich bin und was ich will. Es ist ein Prozess, seinen Platz in der Welt des Tanzes zu finden.

Fokus ist die mentale Stärke, sich auf sein Herz zu konzentrieren. Bei der Pirouette folgt der Kopf dem Körper. Sei mutig und folge deiner Tanzleidenschaft. Wenn du diesen Fokus im Auge behältst und Schritt für Schritt vorangehst, wirst du zwangsläufig glücklich und erfolgreich sein.

Fokus im Alltag:

- Lass dich nicht ablenken, weder von Social Media noch von schlechten Ratgebern
- Wähle deine Freunde bewusst: Wer tut dir gut, wen möchtest du um dich haben?
- Wenn andere in den TV schauen, arbeitest du an deinem Traum

Fokus im Training:

- Es geht nicht darum, wie lange du trainierst, sondern dass du während des Trainings voll und ganz bei der Sache bist.
- Wenn dein Körper müde ist, hält dich dein Fokus wach, weil du weißt, *warum* du das tust.

Fokus auf der Bühne:

- Du bist während des Auftritts ganz bei dir und lebst den Bühnenmoment.
- Das bedeutet, dass du gut vorbereitet bist.
- Stelle sicher, dass dich auf der Bühne nichts ablenkt.

Ich durfte viele Tänzer mit unendlich viel Potenzial kennenlernen. Es tut weh zu sehen, dass sie nichts daraus machen. Bist du einer von denen, die nicht wissen, was sie wollen und alles dem Zufall überlassen? Am liebsten würde ich dich wachrütteln! Sei aktiv, komm ins Handeln!

Gehörst du zu denen, die sich selbst im Weg stehen, weil sie glauben, nicht gut genug zu sein? Dann lass dich in den Arm nehmen und drücken. Du bist toll.

Du kannst alles schaffen, was du willst.

NACHWORT

Mit diesem Buch möchte ich dich motivieren, deinen persönlichen Weg zu gehen. Danke, dass du es gelesen hast. Gerne unterstütze ich dich auch individuell. Du erreichst mich über meine Website. Trage dich dort für den Coaching-Newsletter ein. So bekommst du jeden Monat einen Brief von mir.

www.DeinKörperTanzt.de

Ein besonderer Dank gilt meinem Ehemann Sebastian. Er gibt mir den Raum mich weiter zu entwickeln und unterstützt mich bei meiner Leidenschaft zum Tanz.

Zeitfracht Medien GmbH
Ferdinand-Jühlke-Straße 7
99095 Erfurt, Deutschland
produktsicherheit@kolibri360.de